36场百姓官司

法官的调解艺术

宋鱼水等 著

法律出版社
LAWPRESS · CHINA

本书案例部分内容由海淀区人民法院法官撰写

（按拼音排序）

陈争争　陈昶屹　陈穆颜　范　芃　方　洁

高　庆　郭腾腾　韩毅强　贾冬梅　孔京朝

李　梅　李宏宇　梁　珊　潘　宇　石敏敏

田水连　王　肖　王旭东　许京文　杨敬之

姚　琳　游晓飞　张颖超　周　红

作者简介

宋鱼水,女,汉族,山东省蓬莱人,中共党员,1966 年 2 月出生,1989 年于中国人民大学毕业后到北京市海淀区人民法院工作,现任北京知识产权法院副院长,2013 年当选全国妇联兼职副主席。曾先后当选中共第十七次、第十八次全国代表大会代表,第十一届全国人大代表,获得过“全国三八红旗手”、“全国模范法官”、“全国先进工作者”等多项荣誉。她具有深厚的法律功底,擅长在阐明法律的基础上调解案件。

序

法官胸怀什么样的情感?

2014年3月10日傍晚,我和同事李颖前往同事楠楠家。此行,一是看望楠楠已诞生6个月的小宝宝,二是因为楠楠的庭长对我说,“楠楠住得太艰苦了,有时间一定去看看她”。可是,最近几年,同事中结婚、生孩子的人实在太多了,探望的时间确实排不过来。这不,看望楠楠的事情一推就是6个多月。眼看又一个“三八”节都过去了,才推开一切事情完成这趟拜访。

穿过长长的、拥挤的、到处都是小商小贩的堵塞胡同,我们来到楠楠租住的筒子楼。楼道里漆黑一片,灯光在脚步声中忽明忽暗。进入楠楠家后,她打开一扇由其婆婆和其母亲共同居住并带孩子的房间的门,带我们见到了生命力旺盛的小宝宝。在与两位老人打了招呼后,我们又被楠楠带到隔了几家人的另一个房间。楠楠解释说,有了孩子,又租了一间房子,两间房子月租金大概4000元。

听到4000元这个数字,我的心里“咯噔”地响了一下。这个数字意味着,交完房租后,楠楠的工资也就所剩无几了。房子是过去那种老式建筑,屋里房顶很高,厕所也很干净,但是没有厨房,做饭是个问题。在20年前,这样的建筑十分亲切,但20年后的今天,这里的老化也是十分明显。楠楠一家人新的生活刚拉开序幕,他们享受着孩子降生带来的天伦之乐,同时也承受着一家几口养家糊口的压力。而楠楠,每天白天在单位里要忙80余件案件;晚上,她把白天在单位里挤好的母乳带回家,在享受日常生活的同时,还要伏案写作并盘算日复一日的工作。

走出楠楠的家,我回忆起自己从前的艰苦日子,联想到现在的年轻人就是这样工作着,并在一定意义上重复着我们那一代人的生活。法官的经济条件虽然在改变中,但更多的法官处在向好日子艰难迈进的时期,他们耳闻目睹的百姓生活的疾苦,也正是他们自身的经历。原因很简单,他们也是千万个普通家庭中的一员。

辑录于本书中的36个案例,是2011年至2013年的整整三年之内发生的真实案例。这些案例,多是由海淀法院的年轻人提供的。换句话说,是他们这些像楠楠一样居住在艰苦环境下的年轻法官,利用业余时间与读者所进行的法律交流。在此,特别感谢其中的两位案件整理员——高庆和石敏敏,是她们用另一种热情带领年轻法官克服各种困难,奉献着法律的赤诚。当然,也感谢这些年轻法官所在的审判庭庭长的支持,法律前行的艰难并不能影响他们默默无闻的耕耘。

一名法官究竟胸怀一种什么样的情感？尽管法官需要铁面无私的情感塑造,但法官情感的培养目标决不是冷酷无情,法官素质的积淀也并非一日之功。

在我们日益繁荣的祖国,人民生活虽然从整体上发生了改变,但是,努力依旧无处不需,无所不在。家庭矛盾是社会的基础矛盾,这些矛盾的源头多来自于生活中的各种问题,继而演化为每个个体的性格、情绪、行为。用法律促进家庭矛盾的解决,其核心在于培养公民的自立、自强的能力。与此同时,也能促进家庭成员之间的彼此理解、尊重、爱心并有助于法律、道德并行之中的家规的形成——即形成夫妻之间、父母、子女之间各种问题的协调标准。这些协调标准是个体文明的法律文化,是人类进入文明时期的家庭文化。虽然本书选用的案例既不能代表家庭纠纷的全貌,又难说深刻,但这些案例中反映出来的问题是法官与人民群众所面临的共同困难,它激励我们完成变革时期家庭进步的探讨。和谐的家庭一定会造就和谐的社会,这种领悟一直使我们深信,我与你走在社会的进步中,今日的一切不圆满都会被明日的光明所覆盖。

交通事故是一种灾难。就法律制度顶层设计而言,它会考虑让人们尽量避免交通事故,肇事者和受害人要有过错、是非、责任之分,现代交通工具的风险亦需要各种保障措施的担当,如保险、第一时间的抢救、道路交通事故社会救助基金等。尽管如此,一旦成为交通事故的受害者,摆脱痛苦是需要时间的,有的当事人甚至一生都无法摆脱阴影,有的人从此不再拥有幸福的人生,所以,交通事故案例的警示意义十分深远。现代交通对公民素质的要求、公路管理的要求都是无止境的,共建方有共赢。

调解是化解矛盾的一种方法,诉前调解是节约诉讼成本、避免矛盾进一步升级的处理方式。但我国大多数案件面临调解标准问题,当事人之间法律知识欠缺是调解的一大障碍。所以,用调解的方式解决问题要进行具体分析,调解后的案件应带来增长当事人法律知识的好处,而不是淡化与轻视日益重要的法律制度。只有在一个法律知识不断增长的国度里,法律工作者的调解能力才会不断增强，人与人之间的信赖、尊重才会建立，矛盾也会大幅度减少。

走近《法律与生活》杂志，转眼已是3年的美好时光，无论是编辑杜智娜，还是社长李秀平，时间让我们显得更加亲密和志同道合。正如杂志社的宣言“以法律的眼光透视生活，用法治的观念剖析人生”一样，我们都希望能够为社会做些力所能及的事情，而《法律与生活》这个平台让我们的梦想成真，让我们能够通过案例整理在法庭之外与读者进行交流。

时光荏苒，回忆带有很多甜蜜和思绪。我们和读者的交流仍会继续，让法律成长在你我之间，让法律生活继续打造我们的美好人生。

宋鱼水

目录

♡第一编 “80后”婚恋案件

♡第三编　起诉风险及调解理念

第一编

“80后”婚恋案件

这些案例故事都是真实的，故事的主角是逐步迈进而立之年的“80后”。这一代在蜜罐中长大的人，在婚恋方面演绎了不少堪称离奇的非常态故事。

面对这些包含“一夜情”、“小三”、“师生恋”、“裸婚”、“婆媳大战”、“前女友”等关键词的典型案例，北京市海淀区人民法院原副院长、“全国模范法官”宋鱼水和她的调解队伍，从家庭伦理、双方利害关系、法理人情等多重角度化解亲情大战的做法，给我们带来诸多启示。

No.1 “一夜情”的苦果如何“埋单”

——一起非婚生子的抚养权疑难案例

未到而立之年的魏伟成，没想到自己事业跌入低谷的时候，婚姻也亮起了红灯。而这一切都是因为坐在被告席上的萧美田。他们相识于3年前的一个夜晚。

放纵的“一夜情”

2007年7月，燥热的北京。酒吧里杯影交错、灯光摇曳，嘈杂的摇滚乐对于狂欢的人来说仿佛是兴奋剂。

在上海一家世界500强公司任职的魏伟成，不久前，因工作原因被调至北京。初来乍到，他有意扩大自己的交友圈子，今天约了新认识的同事潘志明来酒吧一同畅饮。

潘志明出现在魏伟成桌前时，身后还跟着一位衣着入时、面容娇好的女士。“她是萧美田，我的朋友，我们正巧在酒吧门口碰见，就邀她一同来了！”潘志明热情地介绍：“这就是我的新同事魏伟成。”打过招呼之后，三个人换到酒吧较安静的位置坐下。

听说萧美田即将赴美国交流学习，曾在美国留学的魏伟成立即找到了共同话题，给了她不少在美国生活的建议，两人相谈甚欢。

转眼已至半夜，潘志明家中有事中途离开了。而魏伟成和萧美田兴致未尽，在未眠的街头逛了一圈又一圈。最终，相识仅仅几个小时的二人走进了一家宾馆……

一个星期后，萧美田远赴重洋，与仅有一夜之情的魏伟成失去了联系。

11月的一天，魏伟成接到一个电话，打电话的竟然是三个月来杳无音讯的萧美田。两人互问双方近况之后，萧美田突然轻描淡写地说道："还不知道吧，我已经怀孕了，这可是你的孩子哦！"魏伟成拿着听筒愣了好半天，这个消息让他很意外。"已经三个月了，并且，我想把他生下来。"听筒那边传来萧美田认真的声音。此时的魏伟成还是单身，他根本想不到生下一个孩子有什么不妥，听到萧美田的口气十分肯定，他也就默许了。

2008年4月14日，一个漂亮的小女孩儿像天使般降生在美国，萧美田给她取名安琪。可是上帝并没有眷顾漂亮的小安琪，医院为新生婴儿检查时发现小安琪患有先天性心脏病。

萧美田没有隐瞒地将这一切告诉了国内的魏伟成，魏伟成立即将安琪纳入自己公司的保险体系，并给萧美田寄去了各种婴儿用品。魏伟成当时的表现至今都让萧美田非常感动，她甚至以为，他们是有将来的。

冲动的惩罚

2009年年初，萧美田结束了在美国的交流学习，回到北京。她的生活仍然是往返于家、公司和医院。为了给小安琪更好的治疗条件和生活条件，萧美田坚持送孩子去医疗费用昂贵的私立儿童医院治疗，还专门请了一位保姆在家照看安琪。在萧美田的悉心照料下，小安琪的病情得到了控制。

萧美田回国后，她第一时间联系了魏伟成。由于两人工作都比较忙，魏伟成只来看过孩子两次，而这两次萧美田都没在家。萧美田曾在电话中向魏伟成提出过孩子的抚养费问题，但几次都没有达成一致的意见，最后碍于面子也就搁置了下来。

一次偶然的聚会，萧美田才从潘志明口中得知，魏伟成已经结了婚。虽然并未与魏伟成有过婚约，但听到这个消息，萧美田仍然感到很失落。

当晚，萧美田就给魏伟成打电话，再次提出了孩子的抚养费问题。可是魏伟成的态度一百八十度大转弯，声称自己对孩子已经尽心尽力了，“我们完全没有感情基础。我已经结婚了，也将有自己的小孩，那个才是我真正的孩子。况且，”他停顿了一下，然后毫不留情地说：“谁知道安琪是不是我的！”

最后这句话深深地刺痛了萧美田的心。她这才知道魏伟成真实的想法：从一开始，他就没想对这个孩子负责。做了两年的单身母亲，萧美田尝尽了其中的辛酸。现在，她决定讨回公道。

血本诉讼

几天后，在萧美田的强烈要求下，魏伟成到医院与安琪做了亲子鉴定，结果证实，小安琪确实为魏伟成的亲生女儿。从此，萧美田凭借这一证据，开始不断地找魏伟成协商抚养费的问题，她甚至找到魏伟成的领导。但魏伟成始终回避，这令萧美田非常失望。

2009 年年底，魏伟成与公司的劳动合同到期，公司未继续聘用他。处于暂时无业状态的魏伟成以此为由更加拒绝支付孩子的抚养费。双方进入僵持状态，萧美田对魏伟成不支付抚养费感到非常气愤，魏伟成更是对萧美田的死缠烂打感到非常不耐烦。

2010 年 7 月，魏伟成在妻子愤怒的抱怨下，一纸诉状将萧美田告上法庭，要求将孩子判给萧美田抚养。接到起诉书，萧美田决定应诉，力争要讨回公道。双方都急于打赢这场官司，不惜血本各自请了京城的名律师。

魏伟成将自己两年多来给小安琪缴纳的保险费收据、买东西的收据、汇款凭证等一一做了公证，证明自己一直在积极履行抚养义务，“以我现在的处境，每个月给 500 元钱已经是极点了。我希望萧美田不要贪得无厌。”魏伟成的话说得斩钉截铁。而萧美田向法庭出示了一大叠小安琪在私立医院的费用单据，称 500 元钱根本无法满足现实的需要。

"你太爱慕虚荣了!"魏伟成对此非常气愤,他认为根本没有经济能力、更没有必要带孩子去昂贵的私立医院。萧美田听后,又生气又难过,眼里闪着泪光:"我这不都是为了孩子吗?养孩子没钱,起诉我,你就有钱了啊?请律师和公证不用花钱吗?"

主审法官试图给双方做调解工作,但是由于分歧较大,未能达成调解协议。最终,法院依据双方的负担能力和孩子身体的特殊情况,判决孩子归萧美田抚养,魏伟成每个月给付1000元的抚养费。(文/高庆)

宋鱼水评案:

"让孩子生下来"不是女性一个人的事情

这是一起抚养纠纷案件,因孩子属于私生子,因而,该抚养关系处理起来有一定的难度。法官希望安琪的父母能以和解的方式解决孩子的经济问题,并对孩子的困难共同予以克服。但已经产生纠纷的父母裂痕很大,难以调和。所以,法官在调解不成的情况下予以裁判。应该说,这不是最好的解决方法。

尽管我国《婚姻法》赋予非婚生子女与婚生子女同等的权利,但从本案中不难看出,由于孩子的父母不是一家人,孩子无法享受其乐融融的家庭生活。

本案的孩子归母亲抚养。这种单亲生活原本已经艰难;但更为艰难的是,幼小的孩子还有先天性心脏病。这既需要超过正常孩子的抚养费,满足其正常生活、医疗费用、特殊照顾、教育等多种需求,更需要父亲和母亲的关爱。对一个孩子的成长来说,爱是最重要的;对于一个残疾的孩子来说,爱有可能使他(她)身残志不残。而这一切,并非所有的父母都能满足孩子的需要。

作为家长,要对孩子的"生"负责。一个孩子来到世上,他(她)需要父母的准备,从科学的角度而言，就是要“优生优育”，即用最好的方法生、用最好的方法培养，满足父母和人类不断进化的文明追求。本案中魏伟成和萧美田显然没有做好孩子“优生”的准备，从而导致孩子在社会生活中的艰难。法律虽难以归责，但从道义而言，这是对不起孩子的。

作为家长，还要对孩子的“培养”负责。两个人的感情即使只是“一夜情”也是有后果的。无论男人还是女人，并不是生来就有足够的承担责任的能力的。就像本案中的魏伟成，最初还是决定承担的，但孩子的降生超出了他的想象，他是不可能一开始就接受孩子残疾这一现实的。其实，即使作为母亲的萧美田，也未必有如此的心理准备。孩子的成长让母亲负担越来越重，甚至是苦不堪言。复杂的是，父亲魏伟成本是一匹野马，驾驭他的又是另一位女性，一个人两个家，经济问题越来越突显；而这背后，一定还有两个家庭错综复杂的感情纠葛，培养孩子谈何容易。法庭可以判决一位父亲必须尽法定义务，但前提是基于父亲的经济条件，在经济条件困难的情况下，期望孩子能从父亲那儿享受到足够的经济生活是不现实的。所以，奉劝女性：“让孩子生下来”不是一个人的事情。对孩子的未来负责需要两个人的决定，除非女性自身有足够的能力承担责任，否则，孩子生下来是有风险的，不但对孩子不公平，也让自己十分痛苦。

我们已经进入现代社会。无论男女，都在追求现代人幸福的生活。但就婚姻家庭而言，一代人有一代人的解读，年轻人对幸福生活的解读更为浪漫、多元、丰富。但生活有其必然的规则，只有有责任、有义务的承诺，才会实现真正的浪漫、安全、幸福。

No.2 外地白领嫁给京城中产之后

——"小三"挤进婚姻引发的离婚案

眼前的晓羽虽然已过而立之年,但她皮肤细嫩、身材匀称,一颦一笑中透露出江南女子独特的韵味。她是北京一所名校的高才生,她是国企"白领",她嫁入有车、有房的北京人家,可是她并不幸福。

嫁给北京男

晓羽说,她的婚姻一直是同学们心目中的"标准"。

2004 年,大学毕业后的晓羽凭借自己的实力,顺利地进入一家国有企业工作,并在一次同学聚会中邂逅了她未来的伴侣蒋天。

蒋天是土生土长的北京人,在一家外企从事财务工作,父母均为高级知识分子。两人见面的第二天,蒋天便开着自己的越野车带着晓羽去高档餐厅吃烛光晚餐。当晓羽抱着一大束玫瑰回到租住的小屋时,同住的姐妹都投来羡慕的眼光。室友王芳甚至调侃地说:"有房、有车、有学历、有风度,遇上这样的好男人,你可以少奋斗 20 年了,好运气都让你赶上了。"

当晚,晓羽辗转反侧,蒋天的风度翩翩令她陶醉,室友的善意提醒也不无道理,在北京这样的大都市,哪个女孩儿不渴望早点儿过上无忧无虑的生活。

蒋天很快和晓羽确定了恋爱关系，蒋天对晓羽照顾得无微不至。第一次拜见蒋天的父母，晓羽穿上自己最好看的粉色连衣裙，还特意化了淡妆。虽然早有思想准备，但晓羽还是有些紧张，跟蒋天父母打招呼的时候都有点儿结巴。

蒋天不停地在父母面前夸耀晓羽美丽大方、善解人意、清新脱俗。蒋天妈立即接过话："姑娘人长得挺水灵，听我儿子说是江南来北京的，将来嫁给我儿子算你有福气，以后你们生活都不用愁了……"晓羽十分忐忑，手心都冒出了冷汗。自己是一个有梦想的女孩儿，哪知爱情早已将梦想的蓝图勾画得如此美妙。

一年后，在亲朋好友的祝福下，蒋天和晓羽共同踏上婚姻的红地毯。婚后两人飞到海南共度蜜月，在"天涯海角"，两人共同相约"执子之手，与子偕老"。

婚后，蒋天和晓羽共同居住在蒋天父母家，晓羽特别珍惜来之不易的幸福。她不擅长花言巧语讨公婆欢心，但是她决定用实际行动来证明自己的贤惠。尽管工作繁忙，但她减少了单位的应酬，每天承担大量的家务活儿，还把丈夫的饮食起居打点得有条有理。

晓羽总是在蒋天心情好的时候和他商量："为了让我们的爱情升华，要不考虑生个孩子？""不急不急，我们还年轻，有孩子就不自由了。"每次遭到蒋天的拒绝，晓羽都感到莫名的不安。

婚姻的分岔口

平静的生活持续了两年多，晓羽突然发现蒋天变得有些异常，回家越来越晚，经常通宵不归，打电话过去总说公务在身；就算回家，对自己的态度也异常冷淡。晓羽心生疑窦，有一次不经意间跟婆婆说起此事，婆婆立马脸色大变："你什么意思？难不成怀疑我们家蒋天？这种事你无凭无据，不要乱讲，说出去让外人笑话。"晓羽强忍着委屈跑进房间，伤心的泪水不由自主地往下流，她也不希望更不愿意相信那个曾经跟自己海誓山盟的男人半路从自己的婚姻专列中跑出轨道。

在结婚三周年纪念日当晚，蒋天照常打电话回家说公司加班，晓羽准备好丰盛的晚餐,装进精美的饭盒,乘坐一小时公交车送到蒋天公司。令她不敢相信的是,自己的丈夫正搂着一名身材娇小的女孩儿谈笑风生地迎面走来。顿时,盛着热乎乎饭菜的饭盒从她手中滑落。她扭头就跑。刹那间,愤怒、痛苦、绝望、压抑、迷茫,所有的负面情绪袭上心头。

晓羽拖着虚弱的身躯回到家,向公婆倒苦水:"爸、妈,蒋天他真的在外面有别的女人了,你们一定要劝劝他。""别瞎说,女人疑神疑鬼可不是什么好事。即使我儿子在外拈花惹草,那也是你这个妻子当得不称职。"婆婆的厉声呵斥,令晓羽连呐喊的机会都没有。

晓羽向来以新时代女性自居:思想独立,经济独立。在她看来,丈夫的行为简直是对自己人格的践踏和侮辱,她渐渐萌生了放弃婚姻的念头。然而,在亲朋、好友、同事眼中,晓羽就是爱情、事业双丰收的幸运儿,没人相信在无限风光的背后她所遭受的心灵折磨。晓羽的苦衷无处诉说,她不想打破自己在他人眼中的"完美生活",因此,她寄希望于丈夫回心转意。

现实往往比晓羽的想象更加残酷,蒋天依然隔三差五地不回家,他此时的铁石心肠和当初追求晓羽时的热血沸腾相比,有过之而无不及。

中秋之夜,蒋天照样晚归,晓羽惴惴不安地期盼丈夫回家团圆,婆婆故意挑起话茬:"别整天愁眉苦脸,真难看,怪不得我家儿子看上了别人,都说外地媳妇……"晓羽经过短暂地沉默后,鼓起勇气一句话顶了回去:"你们怎么不管管你们的宝贝儿子?呆在这个家,我简直生不如死。"婆婆怒气冲天,扯起嗓门嚷道:"你还不得了了,当初不是蒋天坚持,我们才不会同意你嫁进家门。你现在可以走,走得利索点儿……"晓羽气愤到了极点,强忍着泪水,带了点儿日用品和衣物,冲出家门。

英国的戴安娜王妃生前曾说,如果婚姻中有三个人,这太拥挤了。而在晓羽看来,自己的婚姻更加拥挤,自己孤身一人要对抗丈夫、婆婆以及"第三者",她已经心力交瘁。于是,她毅然走进法院,递交了离婚起诉书。为了在财产方面争取更多的利益,她搜集到了蒋天和第三者的相关证据。最终,在法官的主持下,双方达成离婚调解协议，蒋天补偿晓羽10万元。

晓羽如释重负，微笑着走出法院，她打算重新修整自己的羽翼，开始人生新的征程。（文/高庆）

宋鱼水评案：

浪漫诚可贵，相守价更高

这个案例说明“80后”的婚姻极不稳定，一方面很痛苦，另一方面让我们很忧虑。

我是60年代的人，回想起来，60年代的人在经历婚姻时自然很想超越上一代人。我们的父辈多是明媒正娶的婚姻，尤其是在农村。所以，当我们成为年轻人以后，尤其是上了大学以后，受婚姻自由观念的影响，希望自己去寻找婚姻的幸福。

但那时是计划经济向市场经济转轨，大家尚未受到物质对精神的侵扰，我们中的绝大多数人都愿意成为精神贵族，寻找精神上的志同道合者。20世纪90年代，市场经济的大潮席卷而来，60年代的人不乏发家致富者，也不乏拈花惹草者；但对多数人而言，还是“怕老婆”、爱家庭的，真正面临选择时，哪怕痛苦还是选择家庭。尤其是有了孩子之后，孩子是荣耀，抚养孩子、给孩子健康的家庭是追求。所以，真正离异、抛弃孩子和家庭是需要勇气的，内心也多受良心的责备。

然而，“80后”这一代人，生活条件得以彻底改变；但同时，精神的追求被物质的诱惑所迷茫，很多人成为“被功利”的一代人。由于没有物质条件和责任感的束缚，很多人喜欢随心所欲，爱上谁，与谁结婚；反正，感情不和可以离婚。在迈向婚姻门槛的时候，想得更多的是浪漫，而不是相守。

说句实话，这一点是能够被我们这一代接受的，作为阿姨辈的我们并不希望“80后”的年轻人活得很累。就这么一个孩子，你们只要释放、轻松、快乐，做父母的、当阿姨的，没有一个不高兴的！但问题在于，生活是会开玩笑的，不严肃的人生必然带来不幸福的恶果。

如果一个家仅以个人的喜怒哀乐去自然地发展，你很难回答这些问题：在你病重时另一个人为什么要照顾你？在你晚年时另一个人为什么要陪伴你？外面的世界永远有诱惑，但家是你休整和生息的地方，它需要根深叶茂、老酒醇香。我们一生输掉什么都不可怕，唯独输掉家庭将付出一生的代价。

就本案中的晓羽而言，她最大的问题就在于没有找到真正的归宿。我们很难批判她的婚姻选择，作为"80后"的大学生，我想她绝不仅仅是因为蒋天有车、有房才嫁给他。"80后"的人对感情追求更热烈，晓羽终究还是因为爱上了蒋天才嫁给了他。

所以，我认为，每个人都要受时代的冲击，关键要看"80后"的年轻人有什么样的婚姻观，你们的主流价值观不仅影响社会，也一定影响你们的婚姻。你们应该学会如何让你们这一代比我们这一代更有责任、更有目标，更能寻找到你们的幸福。解放前的一代人牺牲了生命，"文革"的一代人牺牲了青春，而你们这一代人应该让青春充满活力。

蒋天现在的生活很让人羡慕，晓羽走了，还有新的人陪在身边。更为重要的是，父母宠着，儿子见一个爱一个父母也接受。但蒋天能够找到真正的幸福吗？跟了他，哪个姑娘会有安全感？哪个姑娘又会给他真正的幸福？像蒋天这样品行的人能否成为主流社会认同的人？

中国五千年保守的历史，真正的文明是家庭。在五千年的长河中，我们无论怎样改变，都会回归家庭。蒋天的父母是拿其没办法，天下的父母有哪个不希望儿子的小家平平安安的？但尽管如此，年轻人有年轻人追求的轨迹，我们永远相信年轻人会跌倒了再爬起来。

No.3 三败俱伤的“师生恋”

——错位姻缘下的离婚案

面对泣不成声的雨涵和哇哇大哭的孩子，尚子建沉默片刻后，长叹了一声说：“我们上一代人欠下的孽债就别让下一代人为我们偿还了，不用作亲子鉴定了，我认这个孩子！”

人近中年的尚子建与“80后”雨涵的恩怨结于一段不该发生的恋情。

爱上导师

雨涵生长在单亲家庭里，从小缺少父爱，母女相依为命。

大学期间的雨涵一直冰封着她的爱情。直到有一天，她的研究生导师尚子建——一位在法国留学多年归国的中年学者出现。

雨涵与尚子建初次见面是在导师见面会上，尚子建幽默风趣的谈吐、儒雅沉稳的仪态触动了雨涵的心弦。而雨涵也给尚子建留下了极好的印象，尚子建觉得和雨涵在一起让他活力四射。

经过一段时间的接触后，在一次去外地调研的晚上，两情相悦的雨涵与尚子建越过了道德的底线，偷吃了禁果。

可是，没想到仅有的一次雷池之越，雨涵怀孕了。当雨涵将这件事告诉尚子建时，尚子建先是一惊，转而又镇静下来。他一边安慰雨涵注意保重身体，称会和妻子离婚娶她的；可一边又劝说雨涵打掉孩子，等他们结婚后再要。雨涵不同意打掉孩子，但愿意等尚子建与妻子离婚。

之后，尚子建假称妻子不同意离婚，希望雨涵多给他一点儿时间。而私底下，他却在自己带的学生中选中了喜欢雨涵的范成，有意撮合他们；同时还暗地鼓励其他男生猛追雨涵，造成雨涵与很多男生同时有恋爱关系的舆论势头。

尚子建与妻子离婚的事似乎还遥遥无期，可是雨涵的肚子不等人。为掩盖怀孕的事实，雨涵只好接受了范成，并很快与范成发生了性关系，同样很快地告诉范成她怀孕了。而沉浸在“九天仙女下凡尘”的喜悦中的范成，却没有注意到这一切来得如此之快又如此蹊跷。

很快，雨涵与范成奉子成婚，在结婚典礼上，他们的导师尚子建给了他们丰厚的红包和深深的祝福。

研究生毕业时，尚子建利用自己的人脉关系为雨涵和范成分别找到了理想的工作。将雨涵与范成双双送出校园之后，尚子建顿感轻松，似乎他的世界又可以恢复往日的平静了。

自食苦果

接下来的日子，范成对雨涵有情，雨涵对范成有愧，婚后生活虽无激情，但也算恩爱。

很快，雨涵因为早产生下了一个漂亮的小宝宝。范成虽觉得孩子出生的时间有些不对，但看到产床上虚弱的雨涵，他心中充满了无限的怜爱，也顾不上过多地怀疑和追问。

孩子出生后，范成更加疼爱雨涵；但范成越是对她好，雨涵的心中越是愧疚。于是，她开始写日记，将她内心的压力宣泄在日记里。范成很尊重雨涵的私人空间，从不要求看她的私人日记。

时间就这样又过了两三年，一次同学聚会，雨涵与范成将孩子带去了。一位在学生时代经常口无遮拦的“男人婆”同学突然冒出惊人一语：“这孩子长得不像范成，倒像咱们导师尚子建！”这句话对雨涵犹如晴天霹雳，她强装镇静地与同学打趣，可是在一旁的范成却心有芥蒂。因为已经有不少人也是这样有意无意地跟他提起孩子不像他的问题。

于是，范成趁雨涵一次到外地出差的机会，打开了雨涵存放私人日记的箱子，雨涵的日记简直让范成不敢相信自己的眼睛。他又打开了雨涵的聊天记录，发现一个叫“尚雨”的好友给雨涵留下了这样一句话：“我虽然离开了你，但我留下孩子来陪你，他是我们爱情无尽的延续！”

范成明白了一切。他一把抱起身边这个熟悉又陌生的孩子冲向医院，要求医院给他和孩子作亲子鉴定。鉴定报告很快出来了，他的确不是这个孩子生物学上的父亲。

范成决定要报复，他将孩子的胸前挂上“我是尚子建的孽种”的牌子，将孩子带到尚子建领导所在的办公楼前站着，让领导和路人观看。孩子不停地哇哇地哭着，吸引了很多人驻足观看。

一石激起千层浪，这件事很快就在学校里传开了。校领导找尚子建谈话，让他向组织澄清事实。尚子建声称雨涵在学校时生活作风不检点，与不同的男生有不正当关系，孩子不可能是他的。

雨涵出差回来后，知道她与尚子建的秘密已经被捅破了，于是，她很快起诉与范成离婚。最后，在法院主持下二人达成离婚协议，双方自愿离婚，孩子由雨涵抚养，范成不对孩子支付抚养费。

与范成协议离婚后，雨涵无法忍受尚子建对其恶语中伤，她要给孩子和她讨个说法。于是，她起诉尚子建支付孩子的抚养费。最初，尚子建坚持主张孩子不是他的，同时也拒绝作亲子鉴定。法庭考虑到孩子在前一段时间受到惊吓后，已经出现了小儿自闭症的症状，即使尚子建同意作亲子鉴定对孩子也非常不利。法官反复给尚子建和雨涵做思想工作，让他们充分考虑孩子的状况，不要将上一代人的错误让无辜的下一代承担。于是，出现了本文开始的那一幕。

在法庭的主持下，双方最终达成调解协议，尚子建承认其与孩子的亲子关系，并同意每月支付一定抚养费。

事后，尚子建和雨涵都对自己曾经的错误感到无尽的悔恨。但生活仍要继续，他们都觉得，保护受伤的孩子、修复受伤的心灵，是对孩子负责，也是对社会负责。（文/陈昶屹）

宋鱼水评案：

爱情不能"转赠"他人

像雨涵这样的大学生不是很多，但近几年她的行为有成为"风尚"的苗头。知识将雨涵打造成男生眼中既有素养又有活力的偶像。然而，真正能够打动雨涵的却是成熟的男性。此时，尚子建的出现，满足了雨涵这个年龄段女孩的特殊需求。

其实，雨涵是个追求者，她的追求中除了勇敢，还有"不向任何世俗妥协"。然而，她与尚子建的情感最终以怀孕而急转直下。所有的爱情最终都要转化为世俗的婚姻或者孩子的父母，这就是人生，概不例外。

显然，尚子建试图两全其美，这是他的地位和身份所决定的。他使尽了浑身解数，雨涵似乎也在按照他的思路运行。但绽放的生命自有其人生的逻辑，一个人的主观性是不能完全决定命运的，何况尚子建要决定的是一个不断成长的生命。

纸包不住火，当终于证明"孩子是谁的"之时，围绕孩子的伦理、道德、感情、选择迅速开始。范成不是不爱雨涵，但范成是男人，而且是中国男人，所以，范成做出了五千年当中中国男人最有可能做出的选择，那就是尊严。如果说，人的精神世界是如此的庄严，我们需要思考：我们要敬畏什么？人生不能重来，青春时期的爱情也同样不可能为更多的人付出，它需要我们严肃的思考；否则，幸福就这样与青春告别！

我相信雨涵会用同样的勇敢承担母亲的责任，范成和尚子建也会在这次经历中直面人生，但代价太大了！他们三个人都会由于如此的经历不再有从前的激情、幸福、纯真、追求。在我们脆弱的人生当中，什么都可以战胜，唯独感情我们很难驾驭，人们读懂它的很多故事常常在事后。

所以，有哲人说，父母包办的婚姻最幸福。其实，这里的“包办”是经验的总结。年轻人可以自由地选择，可以大胆地追求。但正如知识的形成必然要从小学读到大学一样，选择还是要有思考、有甄别，要有价值伦理规则、人格的追求。不要忘记，我们要对自己的人生负责。只有负责任的人生追求才是年轻人真正需要的。事业如此，爱情也是如此。寻找能够负责的另一半，确保一生一世的幸福吧。

人生不可能都是圆满的结局，婚姻案件中多是不圆满的结局。面对尚子建、雨涵、范成以及那个孩子，我们不能剥夺我们的博爱之情。他们重新面对人生非常艰难，他们需要被原谅和社会的宽容。社会正在转型，观念正在发生巨大的变化，精神的巨大追求与责任的不能承担同样呈现在我们面前。希望我们形成一个爱的社会，当然，也更希望我们故事的主人公以及有类似经历的“80后”的年轻人在脆弱中坚强！

No.4 离婚大战中的孩子
——变更抚养权案件中“孩子的抉择”

争吵的童年

已经是小学一年级学生的嘉嘉,身材瘦小、眼神凝重、不苟言笑,古铜色的脸上缺少了同龄孩子的活泼与稚气。嘉嘉的童年是不幸的,在他模糊的记忆里,难以寻觅到全家人其乐融融的画面,更多的是父母争吵不休的场面。

在嘉嘉3岁那年,一个阳光明媚的午后,嘉嘉的妈妈王琳正在给嘉嘉洗澡。突然,爸爸罗江使劲踢开浴室的门,二话没说抓起王琳的手就往外拖,嘴里还怒骂着。原来,罗江发现新买的高档衬衣被王琳用水洗变形了,顿时火冒三丈。王琳也不甘示弱,与罗江扭打在一起,全然不顾还在澡盆里的嘉嘉。

从嘉嘉牙牙学语到上小学,父母之间的各种冷战、斗嘴就没有停歇过,而且势头愈演愈烈。父母的一举一动,都在嘉嘉幼小的心灵里打下了深深的烙印。一次,幼儿园老师让每个小朋友说出自己的梦想,嘉嘉不假思索地脱口而出:“我的梦想是爸爸妈妈不再吵架了。”当在场的小朋友都哈哈大笑时,嘉嘉却羞涩地低下了头,他是多么渴望把自己的梦想说给父母听呀！当天回到家,他没有直接说出口,而是乖巧地央求父母一起带他去动物园玩。在说“一起”的时候,他刻意加重了语气。聪明的嘉嘉学会了用含蓄的方式表达他对家庭之爱的渴望。最终,在嘉嘉的央求下,父母勉强答应了，嘉嘉当晚兴奋得很晚才进入梦乡。

嘉嘉试图充当父母之间的黏合剂，可是家庭的暴风雨最终还是降临了。王琳在和罗江的一次大吵之后离开了家。嘉嘉每天都翘着小脑袋问奶奶：“妈妈去哪儿了，怎么还不回家？”“妈妈去姥姥家了。”奶奶只好用善意的谎言搪塞嘉嘉。

两个星期后，嘉嘉惊喜地接到妈妈的电话：“妈妈，你在哪里呀？你快回来呀！”嘉嘉迫不及待地呼喊妈妈。妈妈却声音哽咽地问嘉嘉：“宝贝，如果爸爸妈妈将来不在一起生活了，你跟妈妈一起过好吗？妈妈给你买好多好多玩具……”“我不要玩具，我要妈妈，我不要爸爸妈妈分开。妈妈，你快回来吧！”放下电话，嘉嘉转身走到爸爸身边，一本正经地说：“爸爸，我们去把妈妈接回来，好吗？”爸爸长吸了一口烟，不耐烦地说：“你妈妈是个坏人，她根本就不喜欢嘉嘉，以后不许接妈妈电话了。嘉嘉想吃什么，爸爸给你买！”此时此刻，对嘉嘉来说，玩具和零食都显得微不足道，他迫切需要的是家的温暖和父母共同的呵护。他也不愿去选择，爸爸和妈妈就像他左手和右手紧抓的护栏，松开任何一只手，他都有摔倒的危险。

抚养权的变更之诉

实际上，罗江与王琳之间的感情早已荡然无存，彼此已经对婚姻失去信心，离婚早已提上日程，只是双方一直就嘉嘉的抚养权问题相持不下。罗江斩钉截铁地表明立场：“我们家族三代单传，嘉嘉是根独苗，谁也别想拔走！”作为母亲，王琳又岂能割舍儿子！自从与丈夫的感情出现裂痕后，儿子成了她唯一的精神寄托，似乎只有儿子才能让她坚强地面对以后的生活。

罗江和王琳围绕着嘉嘉展开激烈的“拉锯战”。每次放学时，两人同时出现在校门口、同时召唤嘉嘉，将嘉嘉置于两难之中。无论嘉嘉投入谁的怀抱，总会看到另一方的失落和沮丧。最终，罗江抢了上风，王琳作出妥协，双方达成离婚协议：嘉嘉由罗江抚养，并补偿王琳5万元，王琳可以每个月探视嘉嘉半天。

父母离异后，嘉嘉很难像以前一样心无旁骛地听讲、写作业，成绩开始下滑，整个人也变得沉默寡言。而离婚后的罗江，也一直萎靡不振，心情不爽时就朝嘉嘉吼几句。如果爷爷奶奶不在家，他就让嘉嘉用方便面当晚餐。一旦嘉嘉遇到不会做的题，他就会揪着他的耳朵破口大骂。嘉嘉越来越不敢与父亲四目相对，这种恐惧使得他对妈妈的思念愈加浓烈。

终于盼到了妈妈可以名正言顺地看望、陪伴嘉嘉的时刻，见到妈妈，嘉嘉扑到妈妈怀里号啕大哭："妈妈，你带我离开那个家、离开爸爸吧！"嘉嘉把在家的遭遇和盘托出。"好，好儿子，妈妈再苦再累也要带着你。"王琳连连点头。

两天后，王琳一纸诉状把罗江告上法庭，要求变更嘉嘉的抚养权。在法庭上，王琳声泪俱下地声讨罗江的所作所为，罗江则一口咬定"不同意"。王琳向法庭提出请求："能否问问孩子本人的意愿？孩子虽小，但是特别懂事。"法官给双方当事人的回复是："按照法律规定，10岁以上的孩子，应该征求孩子的意见。但是，如果你们各方都同意，可以听听孩子的想法。"

第二次开庭的时候，嘉嘉生平第一次走进庄严的法庭，他拉着女法官的衣角说："阿姨，我要跟妈妈，爸爸总是打我，我害怕……"最后，法院综合考虑双方的抚养能力，根据保护儿童利益的原则，将嘉嘉的抚养权变更给了王琳。（文/高庆）

宋鱼水评案：

"有能力让孩子得到幸福"应成为婚姻常识

看了这个婚姻故事，最心疼的是年幼的嘉嘉。他从3岁开始就蒙受父母吵架、离婚的阴影，直到6岁。虽说最终法院变更了嘉嘉的抚养关系，但他能否找到真正的欢乐，我不无忧虑。因为在离婚案件中，孩子经常被父母争来争去，一点儿稳定感都没有。一个没有稳定感的孩子是很难有成长的欢乐的，他的命运也就可想而知了。

值得一提的是，像嘉嘉这种情况，在离婚的案件中并不少见，它实际上衍生为一种社会现象，成为司法办案中最棘手的问题之一，应该引起我们的高度重视。

我个人认为，这种现象产生的原因主要是缺少系统的婚姻基础知识和婚姻文化所致。那么，系统的婚姻基础知识和婚姻文化应该是什么概念呢？应该是有能力让孩子得到幸福。

现代婚姻中将父母幸福指数放在很高的位阶，而且这个幸福是两个人的幸福；一旦一方深感婚姻不幸且难有挽救的可能，法律上支持解除婚姻。但解除婚姻还有一个更大的前提，那就是父母有能力让孩子得到幸福，父母对孩子的义务、与孩子的关系能够达到孩子健康成长的基础指标。

在西方电影文化里，我们常看到这样的镜头：每到周末，轮到孩子与爸爸或妈妈在一起时，爸爸或妈妈都会主动去接。而抚养孩子的这一方已为孩子做好准备，让孩子高高兴兴地离开。孩子到了爸爸或妈妈的住处，继母或继父极其友好，孩子在这个环境里是欢乐的。这样的镜头展现了社会对离异家庭的尊重，同时也展现了离异家庭父母关系的底线：不是夫妻亦不是仇人，是分别照顾孩子的家长，彼此依旧有更多的尊重，涉及孩子的问题能够友好地协商、提醒，遇有争议遵守法律的规则解决。

离异家庭就应该像这样，以孩子受到最小的影响为原则。当孩子看到父母对自己依旧亲爱、环境没有大的改变、同学老师没有任何歧视、天还是那样蓝、生活还是依旧有趣，他们自然就能够快乐地成长。而这也正是现代的婚姻家庭所应该具备的：尽可能保护孩子的最大利益。在尊重父母幸福指数的同时兼顾孩子的幸福指数，综合考虑幸福的最大值。

如果父母婚姻不幸，社会也不可能倒退到封建的婚姻观念中让夫妻双方维系不幸的婚姻。现代婚姻亦不赞成让一方的幸福建立在另一方的痛苦之上，因为相互的幸福是人类最美好的追求。但现代婚姻不是自私的，孩子是人类发展的血脉，任何建立在孩子痛苦基础上的离婚行为都是要慎重的、不宜倡导的。解决这个问题，父母应该接受最基本的婚姻教育，将孩子利益最大化放在最重要的位置，向孩子献出一份无私的爱。父母虽然离异，但真情常在、相互友好，孩子在这样的氛围中还能得到幸福。

真心地劝慰已有孩子的年轻父母们，对孩子是否有爱不仅表现在两个人幸福时，更体现在两个人遇事后。在对待孩子的问题上能折射父母处理问题的能力，让爱去超越一切自私。

No.5 啃老族的爱情

——一场恋爱中的“经济纠纷”

“我是一朵云”遇到“蓝天”

惜福是张红国和李爱华夫妇的独生女儿,自然也是他们的掌上明珠。夫妻俩对女儿的过分溺爱和迁就致使惜福从小就养成了饭来张口、衣来伸手的习惯。

2008 年,惜福大专毕业后就在家待业,在父母爱的港湾里享受着潇洒自由的生活。张红国夫妇则急得像热锅上的蚂蚁,煞费苦心地托朋友介绍惜福去了一家私企工作。惜福在父母的安排下极不情愿地开始去上班,但工作初期,工资相对微薄,经常入不敷出。惜福不好意思再伸手向父母要钱,就和父母商量,能否以自己的名义办一张信用卡,父母定期给还款。张红国和李爱华对惜福一向都是“有求必应”,二话不说就答应了她的要求。此后,到银行还款成了李爱华每个月的任务。

令张红国夫妇没想到的是,他们求爷爷告奶奶为女儿求来的工作,还不到半年就被女儿扔了——惜福没和父母商量就辞了职,原因很简单:这份工作内容单调枯燥。惜福甚至试图将自己的观念渗透给出生于 20 世纪 50 年代末的父母,她认为给人打工不是长久之计,自己干事业才有前途,所以决定自己开一家网店。

张红国夫妇再次妥协了,他们不但给女儿买了一台笔记本电脑,还提供了 3 万元的启动资金。

自从开上网店后，惜福成天窝在房间里不出门，陪伴电脑度日。除了经营她的网店，还会用信用卡在网上淘各种新潮的衣服和化妆品。而更多的时间，她用“我是一朵云”的网名和陌生人聊天。

不久，“我是一朵云”在网上邂逅了“蓝天”。“蓝天”在对话框里打出了一段意味深长的文字：“愿云朵投入蓝天的怀抱。蓝天定会赐予云朵阳光和温暖。”惜福开始浮想联翩，再也无心打理自己的网店，她无时无刻期待着“蓝天”的图标闪烁。在互联网的两头，两人互相交换照片、进行视频聊天，相谈甚欢，迅速坠入爱河。

一个月后，“蓝天”约“我是一朵云”在东四环的一个西餐厅见面，惜福如约而至。等待她的是“蓝天”煞费心思准备的烛光晚餐，红酒、玫瑰、巧克力和优美的钢琴曲，如此浪漫的场景令惜福感动得泪流满面。

“蓝天”的真实名字叫汪坤，曾经学过理发，但一直没有正式工作。汪坤和惜福分享了自己的豪情壮志：不久的将来就会开一家全国连锁的美容美发店。汪坤打趣地指着惜福的鼻子说：“到时候老板娘非你莫属。”惜福羞涩地扎进了汪坤的怀抱。

盲爱的代价

接下来的日子，汪坤与惜福开始了频繁的约会，两人经常共同出入高档商场和饭店。汪坤总是出手阔绰，慷慨埋单，惜福隔三差五就会穿一套精致的衣服回家。

尽管惜福将恋爱的事情掩盖得十分完美，一天傍晚，汪坤送惜福回家时，还是被张红国逮了个正着。一对小恋人显得有些尴尬，张红国却保持了异常的平静。回到家，惜福向父母坦白了她和汪坤的关系。张红国夫妇也表明立场：“你也到恋爱的年纪了，我们不反对，但是我们以过来人的经验告诫你，恋爱过程中女孩子在经济上不要太依赖男生，否则会吃大亏的。”惜福敷衍地点点头。

惜福和汪坤加速了他们的幸福列车，大街小巷都留下了他们的身影。一次，两人消费完结账时，王坤掏掏口袋，难为情地对惜福说：“糟了，我钱包忘记带了，你带的钱够吗？”惜福不假思索地拿出自己的信用卡，调皮地将嘴贴在汪坤的耳边告诉他密码。刷完卡,汪坤跟惜福商量:“干脆把你的卡放我这儿好了,反正我们迟早是一家人。”“好呀,没问题。以后你的就是我的,我的就是你的。”汪坤拥着惜福神采奕奕地走出商场。

就在惜福沉浸在甜蜜的爱情中时,李爱华每个月所还的信用卡欠款却在成倍增加。夫妻俩找惜福问原因,惜福理直气壮地说:“你们不是说过,谈恋爱男生、女生都得花钱吗?你女儿也不能丢了你们的脸呀!”张红国夫妇也觉得无可厚非,但希望惜福这对年轻人能够适可而止。

但是,令他们始料未及的是,接下来的两个月,惜福的信用卡透支额度高达1万余元。夫妻俩再次向惜福敲响了警钟。这次,惜福也觉得有些蹊跷,于是她去银行调出账单,发现原来汪坤背着她多次刷卡消费。而这一切,不仅父母毫不知情,就连她本人也被蒙在鼓里。

惜福觉得自己被骗了,便去质问汪坤:“你为什么背着我刷卡?”“我最近不是手头紧吗?你如果不同意,那咱俩只好分手了。”惜福做梦也没有想到那个柔情似水的汪坤会如此轻易地说“分手”二字,她的心凉透了,回到家蒙在被子里嚎啕大哭。

张红国夫妇心疼女儿,对汪坤愤怒不已,便以汪坤诈骗为由报了警。警察说惜福是自愿把信用卡给汪坤的,并不构成犯罪。于是,在父母强烈要求下,惜福以借贷关系将汪坤告上法院。(文/高庆)

宋鱼水评案:

人必须工作着,爱情才有所附丽

我国《民法通则》规定,公民年满18岁已进入成年。成年人的概念就是父母已不再有义务抚养子女,而子女应该寻求自己独立的生活,在社会上自食其力。一个年满18岁的公民没有选择工作而是选择了上学,如何来完成学业,这在我国法律上并无规定。但我国历来有优良的传统,多数父母望子成龙,继续承担孩子上学的费用。这虽不是父母们天经地义的义务,但已成为父母优良传统下的美德。

遗憾的是,事物总有两面。当一个年满18岁的成年人继续享受父母的资助时,由于周围的人都如此,他们很少进行深入地思考,结果淡化了自己已经18岁的法律义务。更为消极的结果是,当一个已过18岁的青年终于结束学业时,他是否还有权继续寄居于父母的屋檐之下?现实中,父母很少撕破脸皮把孩子赶出家门。一些父母就是用抚养孩子的方式纵容了孩子不工作。因为有吃有喝,这些"大孩子"没有不工作的危机感。

惜福就是这样一个典型的例子。在她18岁的时候,没有受到独立生活的熏陶,我估计她大概也不知道18岁对她意味着什么。父母对她尽了抚养义务,而她已经习以为常,似乎这种抚养可以没有年限,只要父母不说,自己永远天经地义。

由于惜福没有从思想上认识到她为什么要工作,不工作将意味着什么,所以她辞职也不计后果,辞职后在家花父母的钱也不过脑子。虽然惜福开了网店,但她并无心打理,而是不顾一切地投入爱河。在惜福有限的工作生涯中,失业、没工资与其谈恋爱没有什么关系,她的生活与工作找不到任何连接点。套用"人必须生活着,爱才有所附丽"这句名言,我们说"人必须工作着,爱才有所附丽"。

因为惜福没有理解工作的意义,所以见到汪坤后,她也不会去考察汪坤是怎样工作的。爱情是爱情,工作是工作,惜福和汪坤是可以没有工作谈爱情的一对恋人。当两个人没有生活来源时,可以想当然地用父母的资助维持日常的开支,两个不自食其力的人却要生活在体面的生活中。

一个淡化了艰苦奋斗、自主创业的人生能是什么样子?因为人劳动才知道金钱的珍贵,因为人不断奋斗才知道生活中的一切来之不易,因为人只有奋斗才有成功的希望,劳动的甜蜜创造着生活的惊喜。而这一切,在这两个年轻人身上没有任何痕迹。

"80后"的父母们对子女进行了最大限度的爱的投资。为什么?道理很简单。

因为"80后"的父母及其父母的父母都生活得太苦了，经历了很多磨难。"80后"的父母们在改革开放、市场经济的大潮下好不容易可以把精力投入到孩子身上了，他们想到的最重要的问题是对孩子物质和精神的双爱，是一代人对下一代人文明的传承，是希望下一代人别受罪、生活幸福。当这一切变成现实时，并不意味着"80后"的年轻人可以衣食无忧，它真正的意义是一代人比上一代人更强，是年轻人在父母铺的路上继续发展。

惜福在成长的青春期遇到这样的挫折不是一件坏事，因为她太需要挫折了，太需要反思了。我们还是希望像惜福这样的青年能幡然悔悟，积极投入到有压力的生活中，融入社会，锻炼自己的能力。

No.6 “同桌的你”，从相爱到分离

——一起“两地分居”夫妻的离婚案

杜鹃怎么也没想到，自己年龄未到“而立”，婚姻却已经“独立”了。2011年4月，携手了9年的爱人景鹏向妻子杜鹃所在地的北京市海淀区人民法院提起了离婚诉讼。他们曾经“执子之手，与子偕老”的诺言被“两地分居”的现实击碎了。

距离冲淡了爱情

2002年，杜鹃和景鹏从湖北同一所重点高中考入北京的两所名牌大学，昔日的同桌很快就发展为恋人。然而，牵手了4年的爱情在大学毕业找工作的拐点上遭遇了考验，杜鹃在北京找到一份不错的工作，而景鹏则不得不回家乡武汉。

在经历了一番思想斗争后，杜鹃和景鹏都选择了自己钟爱的事业，但没有放弃彼此。于是，2006年9月，刚拿到大学毕业证的他们立刻去民政局办理了结婚登记手续。景鹏拉着杜鹃的手说：“老婆，你放心，将来一旦有机会，我就会杀回北京陪伴你；而如果我在武汉发展得顺利，就把你接回去。”杜鹃开心地点点头，景鹏的话无疑给杜鹃吃了一颗定心丸。她送别新婚丈夫踏上南下的列车，眼睛里闪烁着幸福而不舍的泪光。

之后的日子，夫妻俩每天都通过短信、电话、网络等各种现代通信方式传递着对

彼此的思念。杜鹃会把单位的新鲜事说给景鹏分享，景鹏则经常不打招呼就乘坐十几个小时的火车来北京看望心爱的妻子。工作之初，两人大部分的工资都花在了通信费和交通费上，但依然乐此不疲。

甜蜜和美好持续了大约一年。他们之间频繁的短信交流逐渐变成了程序性的客套和问候，每当杜鹃兴奋地给景鹏讲述首都的变化时，景鹏都感到索然无味。杜鹃认为丈夫的斗志已经被小城市消磨殆尽。景鹏则不以为然，他已经习惯了慢节奏的生活。景鹏来京的频率明显减少，杜鹃丝毫没有怨言，她更乐意丈夫把时间和精力投入事业中。可是，每当孤独寂寞的时候，杜鹃都强烈地期盼丈夫能陪伴着自己，哪怕作为一个聆听者，听自己诉诉苦。

结婚后的第三年春天，杜鹃发现自己怀孕了，她把这个天大的好消息告诉了景鹏。没想到景鹏却表现得异常平静，完全没有想象中的欣喜若狂。相反，他劝杜鹃冷静地考虑暂时不要孩子。“那可是我们爱情的结晶呢，一个活脱脱的小生命，你怎么能如此狠心？”杜鹃铁了心要把孩子生下来，而且她决心让孩子接受最好的教育。

女儿出生后，杜鹃在父母的支持下在北京买了一套小户型的房子，把母亲接到北京帮助照看女儿。双方父母和杜鹃都奉劝景鹏把武汉的工作辞了到北京一家三口团聚。景鹏却坚决不同意，他暂时还不愿意放弃在单位打下的牢固基础而去另一个陌生环境重新开始。他不能理解的是，为什么作出妥协和让步的总是自己，而不是对方。

后来，景鹏零星地来北京看望了几次女儿，但如过客来也匆匆、去也匆匆，没有留下多少温情，也没有留下多少钱财。景鹏和杜鹃自从结婚以来，经济上各自就完全独立。即使短暂地相处几天，所花的生活费也会毫厘不差地补给对方。抚养女儿的重担自然就落在了杜鹃一人身上。杜鹃咬紧牙关，也从未斤斤计较，她只盼望景鹏突然有一天能心甘情愿地回到她们母女身边，给女儿一个完整而温馨的家。

婚姻走到了尽头

生活轨迹的差距、生活空间的距离、思维方式的差异，使得这对年轻夫妻之间长期积累起来的温存慢慢地消融。在杜鹃看来,丈夫和父亲的角色实际是形同虚设,回归之日遥遥无期;而景鹏就像一艘漂泊的渔船,永远找不到避风的港湾。

2011 年 4 月,景鹏以长期分居导致感情破裂为由,专程到北京向海淀区人民法院提起了离婚诉讼。杜鹃接到法院传票后,情绪十分复杂,她甚至来不及思考自己的婚姻会走向何方,只是急切地渴望能和自己少女时代的梦中情人再次亲密地接触,让自己的宝贝女儿能够在爸爸的怀抱中寻求一丝温暖。

开庭当天,杜鹃重新穿上了五年前领结婚证那天所穿的白色连衣裙和水晶凉鞋,把小女儿打扮得漂漂亮亮,在母亲的陪伴下来到法院。

法庭上,原告席上的景鹏略显得有些憔悴,耷拉着头,发言不多,只是重复着同样的一句话:“坚持要求离婚。”而杜鹃的情绪却很激动,她轻声抽泣了一下后,抬起头把目光投向对面既熟悉又陌生的景鹏:“你有没有想过,这些年来,你在武汉逍遥自在的时候,我是怎样把女儿拉扯大的,她身体里可流着你的血呀,你见过她几次?女儿至今只能对着照片喊‘爸爸’……”

杜娟试图向法庭讲述一个从相识、相知到相爱的美丽动人的爱情故事,以挽回婚姻。但这些努力似乎没有打动景鹏,毕竟他们缺少了相守的过程,这也正是景鹏提出离婚的最关键的理由。

最终,法院判令解除景鹏和杜鹃的婚姻关系,女儿由杜鹃抚养,景鹏每月支付抚养费 1000 元。(文/高庆)

宋鱼水评案:

选择在一起,前方也许柳暗花明

杜鹃和景鹏从中学到大学,学业和爱情双丰收。他们都是人品和学习很好的人,虽然大学毕业后各奔东西,但一本正式的结婚证足以证明他们主观上希望终身相守、恩爱一生。但是,后来发生的事情还是让我们觉得可惜。我所强调的是,当一个人的事业和爱情相冲突时,人很难放弃事业。

应该说,杜鹃和景鹏都是事业心比较强的人,都会为自己的职业投入很多。而这种投入时间越长、根基越深,放弃就越是痛苦和艰难的。杜鹃和景鹏在这一点上都没有放弃,不是他们爱得不深。有时候,工作带来的投入和责任要比对家庭负责更为复杂。

我们必须承认,一个人的追求除了爱情,还应有更广阔的东西。一个独立的人,有权追求自己最喜欢的东西。假若工作和爱情不可兼得,他的选择还是应该被尊重。但是,对于一个家庭而言,这种选择面临危险。

作为一个过来人,我觉得两地分居而最终导致分手的概率还是很高的。就像杜鹃和景鹏这样,本以为天南海北割不断两个人的感情。但真正地分居之后,他们却发现日子需要一天一天地熬,度日如年,因此渐渐地怀疑这是不是自己想要的。后来发现原来自己是个凡人,有七情六欲,也更需要寻找一个日夜相守的生活伴侣。

这样的故事其实很多。我所遇到的还有另外一个故事:女方是北京人,男方是东北人。大学毕业后,男方本是铁定要留到北京了,却突然留不了了。女方经过最后的思考,放弃了北京的家和让人羡慕的工作,选择了爱情。后来,他们在风风雨雨中确实很幸福,但工作却发生了很大的变化。所以,最关键的是自己想要什么?当然,谁都想鱼和熊掌兼得,但很困难。年轻人要学会在选择中权衡利弊,避免更不想要的后果发生。

这里还要指出一点,父亲对孩子的感情,除了天然之外,还有后天的朝夕相处,即所谓的谁带谁亲。景鹏对于孩子,我们不要简单地去解读;但我们可以去期待,在孩子18年的成长期内,希望景鹏与孩子的亲情能够"膨胀"。

另外,夫妻财产独立是需要有一定前提的。杜鹃与景鹏都是能自食其力的人。一方面,杜鹃在北京,相对来说,要比景鹏宽裕一些,这使得杜鹃在财产上没有依赖景鹏,反倒处处体贴景鹏。而另一方面,只怕景鹏已形成习惯,那点儿钱,对家里没有作用，先是杜鹃不指望这点儿钱，后是景鹏习惯性地不再给家里填补，以至于他忘却了，自己还有一份责任。

我觉得这都不是最重要的，俗话说，感情有就什么都有。就杜鹃和景鹏的感情而言，关键在于，两地分居多年，景鹏已经有了选择，两个人感情的基础动摇了，财产只是其中的一部分。

很可惜，这样一对年轻人分手了！我们可以换一种角度思考，如果他们换一种选择，选择在一起，前方也许会柳暗花明。

No.7 高知“剩女”的爱情

——一起“闪婚闪离”的离婚案

31岁的舒萍怎么也想不明白,“一心只读圣贤书”的自己怎么突然就成“剩女”了。然而,她两耳刚闻窗外事,就赶“潮”般地经历了网恋和闪婚闪离,让她这个生物学博士有些招架不住了。

从法院领回离婚判决书,舒萍的婚姻状况又回到了原点。

高知“剩女”

舒萍出生在北京的一个教师家庭,受家庭熏陶,她从小就善于观察、勤于思考,尤其对自然科学感兴趣,26岁时就顺利地获得了生物学博士学位,并进入一家知名的研究院从事科研工作。

当同龄的女孩子享受着花前月下的浪漫时光时,舒萍却沉浸在实验室里,与各种生物标本为伴,乐在其中。那时的她只有一个信念:自己有限的青春只能挥洒在追逐科学的光辉大道上。经过不懈努力,舒萍的事业稳步上升,很快就开始在学界崭露头角。

舒萍并不是独身主义者,但在她看来,周围有的女同事结婚生子后,一心扑在家里,事业心明显锐减。因此,她认为婚姻恰似牢笼,会将自己完全束缚。然而在周围人眼中,舒萍就像独自行走在智慧中的女神,高贵、幽雅、却难以靠近。

2010 年春节过后,舒萍回母校给导师贺寿。白发苍苍的导师在致答谢辞时,给在场的学生三句箴言:"一是要把身体保养好,二是把事业打理好,三是把家庭经营好。这三驾'马车'只有并驾齐驱,人生才会完整。"

导师的话让舒萍若有所思,原来家庭也是人生不可或缺的一部分。当天,通过和几位已经成家的同门师姐聊天,她惊喜地发现,原来美满的婚姻会让女人变得丰富而有活力。舒萍开始急切地憧憬未来,她相信自己的白马王子,一定会手执玫瑰在灯火阑珊处等待自己。

在半年多的时间里,舒萍在母亲的陪同下,频繁地参加各种相亲活动,但一直没有合适的意中人。这时,舒萍才突然意识到,自己已经被时光排在了"剩女"的行列。故而,难免有一丝挫败感。为了给女儿增加相亲筹码,舒萍的父母将家庭两套房屋中的其中一套过户给了女儿。

母亲建议舒萍对另一半的要求不要太苛刻。舒萍却认为自己已经将标准降到最低点了,她的底线是:年龄相仿、物质相当、精神契合。可是,看似简单的要求,却无形中把很多男性排除在外。

最终,舒萍将相亲阵地从现实转向了网络。

闪婚闪离

2010 年 11 月初的一天,她在一家婚恋网站上注册,并填写了自己的真实信息。她的择偶关键词是"年龄:30 ~ 35 岁;学历:硕士及以上",网站迅速将与其相匹配的男性信息筛选出来。不一会儿,注册名为"懂你的心"的人就给舒萍留言。"懂你的心"开始侃侃而谈:"我今年 32 岁,2005 年从北京某著名理工院校毕业,目前在一家国企的山西分公司担任技术总监。只因长期忙于事业,一直单身……"舒萍顿时有一种相见恨晚的感觉。"懂你的心"还向舒萍坦露了自己的理想和抱负:"我不甘心在中小城市,我打算去北京中关村实现一个计算机人的梦想。"此时,舒萍是多么强烈地渴望“懂你的心”立刻就出现在自己眼前。

当晚，两人在网上敞开心扉畅谈理想和人生，互相将换了照片、留了联系方式，一直到深夜。第二天清晨，睁开眼睛，手机上已有“懂你的心”发来的问候短信：“早安、宝贝、想你！”盯着短信，她反复回味了许久，生平第一次感受到了爱情带来的前所未有的温暖。

就在三天后的周末，“懂你的心”从山西赶到北京，舒萍特意去车站接他。

“懂你的心”真名叫张涛，身材魁梧，看上去温文尔雅。舒萍坚定地认为，眼前的张涛就是曾经那个向自己回眸多次的人。经过短暂的相处，两个年轻人都沉醉在爱情的甜蜜中。

2011年的春节到来之前，相识了仅3个月的舒萍和张涛到婚姻登记机关领了结婚证，并选择了旅游结婚。

结束了蜜月之旅以后，舒萍满心欢喜地回到了工作岗位，张涛则开始着手在北京找工作。他每天早出晚归，跑各种人才市场和招聘会，可是，三个月过去了，张涛依然没有找到理想的工作。

舒萍打算助丈夫一臂之力，她利用工作之余上网找各种招聘信息，最终她得知一家事业单位招聘具有三年以上工作经验的计算机专业硕士，她紧锁的眉头舒展开来，第一时间联系上了招聘单位，她简要地介绍了张涛的情况，招聘单位让张涛本人第二天带上身份证、毕业证、学位证的原件去面试。

回到家后，她兴奋地把这个好消息告诉了张涛。望着妻子清澈的眼睛，张涛忍不住道出了实情：“萍萍，我可能让你失望了，我压根就不是什么名牌大学的硕士，我只是大专毕业。”舒萍的满腔热情瞬间被突如其来的事实彻底浇灭。

“其实，填写假学历也不是我的初衷，我只是想为自己争取更多的机会。你能原谅我吗？”“不可能，你骗了我。这种欺骗已经触及了我做人的底线，把我的心都伤透了。”舒萍坐在沙发上，不断地用哭泣的泪水冲刷着内心的懊悔。

几天后，舒萍向法院提出了离婚。（文/高庆）

宋鱼水评案：

女性必须学会包容中国男性的缺点

舒萍属于有才华的知识女性，其在学业、学位上的追求很令人羡慕和敬佩，所以，我们很愿意把祝福献给像舒萍这样的职业女性。然而，人生的幸运往往是吝啬的，事业成功的女性一不小心就会错过择偶的最佳时机。

令我们担忧的是，如北京、上海这样的大城市，大龄女青年的数量越来越多得吓人，于是，有一个很特别的词——“剩女”，这个词来引起社会对大龄女青年的高度重视和关心。

知识女性无不希望浪漫，但年龄不饶人，一旦错过最好的婚恋季节，又不想迁就，自然找对象难。可找到对象，一旦发现另一半有问题，眼睛又容不得沙子，婚姻的经营又是一难。

我觉得可以对婚姻做些更多的理性分析，采取更包容的观点。欣赏中国男性必须包容他们的缺点。比如，大男子主义、抽烟喝酒、男性的世俗交际，等等。这一切的改变，一是需要他们自身不懈地努力，二是需要全社会的努力。如果单独归咎于一个男人的问题，有可能在全社会找一个符合标准的男人比登天都难。

相反，如果男性都这样。寻找伴侣，女性们就要思考了，我们不是生活在真空里，我们需要面对生活中的现实。这个世界是需要与男性一同努力去改变，而不是改变了再嫁人。

舒萍错过了大学、研究生、博士生期间广泛接触同龄人时谈恋爱的最佳时期，年轻人一定要以此为鉴，别错失机会。由于舒萍错过了机会，网恋就成了她的一种择偶方式。网恋本无可厚非，但值得注意的是，网络发展太快了，网络管理还远远跟不上时代发展，网络上数量庞杂的个体会模糊我们的判断标准，甚至会使很多人上当受骗。

舒萍的问题在于没有在了解人、判断人之后再发展感情,而是先有了感情后发现了问题,根据她的情况自然不堪忍受这种欺骗。对舒萍来说,不在于这个人是否有文凭,而在于她觉得他不诚实,像她这样有学问的人,怎么能够与一个不诚实的人在一起呢?在舒萍那里,问题上升到“理论”就是大问题了。

互联网不是恶魔,关键在于舒萍要有清晰的头脑,直面互联网有可能带来的问题。文凭也未必是衡量一个人才华的绝对标准,社会上无文凭成就事业者大有人在,真正肯吃苦、肯在社会上摔打的常常是他们。关键是张涛是不是这样的人,是不是一个屡败屡战的有进取心和事业心的青年。

舒萍好不容易投入了一次感情,还失败了,这对她的打击是致命的。正是如此,舒萍需要尽快树立信心,不能将这一次的偶然视为终生不嫁的理由,无非就是赶上了而已。一个人,尤其是一个顺境中的人,在偶然的挫折面前,开拓不畏挫折的局面,最终仍然会成为胜利者。

No.8 前女友来讨债

——一场交织着感情的经济纠纷

阳光靓丽的汽车销售顾问贾芳，无论是上班还是在家，脸上总是挂着甜美的微笑。在她看来，生活就是发现快乐、享受幸福。正是这种乐观、宽容的生活态度，让她从容应对了一场突如其来的官司。

一张讨债传票

贾芳的丈夫张逸，是一名典型的“80后”。张逸是北京一个殷实家庭的独子，就职于一家网络公司的他酷爱赛车、崇尚自由、追求时尚。2010年10月，张逸与贾芳步入婚姻殿堂。

结婚前，张逸就向贾芳坦白了自己之前的几段恋爱史。贾芳对此并不介意，她认为自己是丈夫在海边拾得的贝壳中独一无二的珍珠。结婚后，贾芳对丈夫更加温柔体贴，张逸的转变也十分明显，他不再沉迷于酒吧，不再专注于赛车，不再夜不归宿，只因感受到了家的温馨，逐渐意识到了作为男人的责任。

2011年春节后的一天，一份特快专递送到了张逸家。看到上面的寄件地址是法院，张逸和贾芳两人很是疑惑。打开之后才知道，是一个名叫陈璐的女孩儿将张逸告到法院，说张逸欠她 2 万元钱。起诉书后面还附有发票、照片、短信记录、邮件往来等证据材料的复印件。

这突如其来的诉讼让贾芳呆立了半天，婚前丈夫因为玩赛车的确花费过不少钱，但以他的经济条件不至于欠下债务。她思忖着，没有立即质问，她在等待丈夫的解释。

看到起诉书上的名字，张逸的心砰砰直跳。而妻子的冷静让他很感动，他觉得此时此刻唯有坦诚与宽容才是解决问题的最好方式。于是，他将事情的原委和盘托出："陈璐是我的前女友，在认识你之前，我们交往过半年。在交往期间，我们一起去度假、玩赛车、泡吧……"

"因此而留下这些亲密合影？"贾芳指着照片，打断了张逸的讲述。

"我曾经为爱痴狂过，可是一切美好都已经成为过去式，未来是属于你和我的。"张逸用专注的眼神望着心爱的妻子。

贾芳沉默片刻后，突然提高语调："老公，你不用解释了，谁都有过去，你就仔细想一想，你是怎么欠她债的？无论怎样，我必须和你站在一起共同面对这场官司。"

"谢谢你，老婆。"张逸握住贾芳的双手，"我和她恋爱期间，大部分消费都是我掏的钱。偶尔几次，我确实花过她的钱。最后她提出分手时，我答应过给她 5000 元作为补偿。后来，她通过短信和邮件向我索要。我多次询问她的账号，她都予以拒绝，非得让我当面把钱给她。我才不愿意呢，就一直拖到现在。"贾芳心中像打翻了五味瓶，可她宁愿从善意的角度去理解丈夫，既然当初承诺了补偿款，就应该毫厘不差地履行诺言。

履行承诺

在幸福甜蜜的婚姻舞台上，第三者无论以何种角色登场，时间久了都有可能将幸福冲淡。贾芳建议张逸尝试着与陈璐协商，张逸也想以快刀斩乱麻的方式把问题解决了。于是，张逸和贾芳一起拨通了陈璐的电话，同时启动了免提功能。"亲爱的，你终于主动联系我了，娶了媳妇还是忘不了我呀……”没等张逸开口，电话里便传来了陈璐娇滴滴的声音。张逸单刀直入地提出还款方案。不料，陈璐是醉翁之意不在酒，她起诉的初衷是期待着与自己的旧情郎重逢，“我不起诉你，你怎么会理我呢？现在提什么条件我都不答应，咱们法庭上见”。当初分手时，陈璐简直是铁石心肠，如今的这种态度让张逸觉得有些不可理喻。

张逸无可奈何地放下电话，对妻子的愧疚无以言表，他不会让陈璐的目的得逞，或许是只有这样才是对自己和妻子最好的抚慰。贾芳读懂了张逸眉宇间流露出的忧愁：“老公，不管你做何决定我都支持你。但是，我们不能逃避问题。”“干脆任由法院判决吧，咱们不出庭，别给自己徒增烦恼了，大不了到时候还钱。”而在贾芳看来，逃避就是懦弱，道理不能毫无原则地给情感让路。因而，她大胆地提出由自己给丈夫担任这起官司的委托代理人。张逸实在不忍心让新婚妻子更深地卷入自己制造的感情旋涡中去，但贾芳的果断打消了张逸的顾虑。

开庭当天，经过一番精心打扮的陈璐早早地和律师等待在法庭门外，她不停地朝当事人通道张望，期待着那个熟悉的身影出现。不一会儿，举止端庄得体的贾芳迎面走来，落落大方地和陈璐打招呼：“您好，我是张逸的太太，我丈夫因工作繁忙不能亲自参加此次开庭，我是以他代理人的身份过来的。”贾芳的出现让陈璐大吃一惊，她开始由衷地佩服贾芳的勇气。

庭审中，陈璐无时无刻不夹杂着对张逸的指责：“张逸就是一个好逸恶劳的人，玩赛车开销非常大，经常找我拿钱。”“他频繁地更换女朋友，处处留情，却不负责任……”每句话都刺向贾芳的心。贾芳抑制住自己的情绪，用平和的语气回应说：“我丈夫的人品，我比你更清楚，我相信他。你打官司请用证据和事实说话。他分手时答应过给你 5000 元，我们现在依然不食言。而你在短暂的时间内得过他多少好处，你自己心中有数。”陈璐被反击得哑口无言。

最终，法院经审理认为，陈璐在恋爱期间给过张逸现金，但张逸并未写下借条。从陈璐提供的现有证据来看，不能明确说明彼此之间存在明确的借贷关系。鉴于张逸同意给付陈璐5000元,法院不持异议。判决生效后,双方均未上诉,贾芳帮丈夫将执行款送到法院,一起交织着情感和经济的纠纷就此画上圆满的句号。(文/高庆)

宋鱼水评案:

最好的感情终止方式是彼此尊重

从故事的讲述中,我们可以看出陈璐对张逸还是有感情的,要不她也不会在即将进入法庭时还心存强烈的期待。而张逸的妻子贾芳,身上洋溢着现代年轻人少有的冷静和爱情观:只要她喜欢,不会在乎爱人的过去,包容性非常强。但这种包容能否继续发展为代替爱人去处理其之前的感情纠葛以及这种感情纠葛所带来的经济问题呢?这是值得讨论的。

贾芳的这种对爱人的包容,其实也是对自己感情的尊重,并有利于他们小家庭的和睦,这是值得赞赏的。"80后"的年轻人选择婚姻更注重两个人是否真的合适,他们要比上一代人开放得多。在这种情况下,贾芳也许代表了相当一部分年轻人的态度,他们婚姻生活的质量真的更高一些。但是,问题在于,即使是夫妻,两人间还是要有私人空间的。尤其对另一方过去的事情,怎样才能体现真正的尊重?陈璐所提出的起诉是否到了必须由贾芳代理的程度?这样的处理方式能否消除陈璐对张贾婚姻的不平衡?贾芳解开了张逸的心结,却解不开陈璐的心结,也许还会使陈璐一辈子无法平静。所以,不到万不得已,我觉得还是由张逸自己来处理自己的事,更能融通他与陈璐之间的纠葛。对分手之后的感情,最好的终止方式是彼此仍有尊重。感情不是强拧的,但人与人之间的仇恨是要化解的。很多超越感情的选择考验着人类持久的进步。

我们如何看待恋爱期间的经济问题?人不仅需要精神食粮,还需要不断消费必需品,甚至奢侈品。就中国的文化而言,往往谈感情就很难揉进经济的沙子,这个问题成为最苦恼的大问题。人们说，中国人活得很累，这是其中原因之一。

从生活方式看经济问题，两个人在恋爱期间是否要在经济上不分你我，分了你我是否就是感情不纯洁？我觉得不是绝对的，关键要看两个人的经济条件以及双方对经济问题的认识、对各自独立性的追求、对彼此帮助的理解。

爱情是人类无限的追求，一代人与一代人的爱情观不尽相同。愿现在的年轻人拥有更健康、更成功的爱情观。

No.9 “裸婚”时代的爱情
——寒门博士的一场婚姻危机

没房、没车、没钻戒、没婚纱、没存款、没婚礼、没蜜月，佟琳就像电视剧《裸婚时代》里的童佳倩一样嫁给了“一无所有”的郝伟。然而，婚后的柴米油盐酱醋茶让他们的“裸婚”越发显得辛酸和艰难。她的爱动摇了……

为爱“裸婚”

佟琳出生于南方的一个边陲小镇，由于是家里的独生女，父母将一切希望都寄托在她身上。特别是佟琳考入北京一所名校攻读研究生后，佟妈妈最大的心愿就是女儿将来有个好的归宿。她总是苦口婆心地告诫佟琳，一定要擦亮眼睛精挑细选一个条件好的对象。

研二暑假期间，佟琳在赴革命老区参加暑期社会实践活动时，结识了同行的在一所著名大学建筑系读博士的郝伟。郝伟来自贵州一个偏远的农村，他不善言辞，待人真诚，工作起来却雷厉风行。郝伟的踏实诚恳打动了佟琳的芳心，郝伟也被佟琳的善良和聪慧所吸引。回到北京后，郝伟向佟琳表明了心迹：“做我的女朋友吧，我会一直对你好，只是暂时不能给你太多物质上的东西。”没有甜言蜜语，也没有豪言壮语，佟琳毫不犹豫地点头答应了。

听到佟琳恋爱的消息后，佟妈妈既惊喜又有些忐忑，迫不及待地追问："那个男生什么学历？家境怎样？人品如何……"一连串的问题让佟琳有些应接不暇。佟琳十分清楚，尽管郝伟已经被全国最好的设计研究院录用，但郝伟的家庭条件是难以满足母亲的期待和要求的。因此，她没有正面回答母亲的问题，而是留给佟妈妈无尽的悬念。

为了亲自考察女儿的男朋友，佟琳的父母特意从老家赶到北京。尽管佟琳再三向父母夸耀郝伟的优点，但一说到郝伟家在农村时，佟妈妈当即表示反对。最后还是佟爸爸说情，佟妈妈才答应见郝伟一面。

见了面，佟妈妈单刀直入地问："小伙子，听说你家境不太好，如果我女儿跟了你，你们有没有把握在北京站住脚？"面对如此尖锐的问题，郝伟早已有思想准备："叔叔阿姨，我理解你们的顾虑。但请你们放心，虽然我的起点低了点，只要我们俩齐心协力，未来的路肯定会越走越好。"佟妈妈打算继续追问，被一旁的佟琳阻止了。一直保持沉默的佟爸爸也表达了自己的意见："只要你们感情好，你们都还年轻，物质条件可以慢慢创造的。"佟爸爸的一席话给了郝伟莫大的鼓励。

转眼就到了毕业季，2009年8月，郝伟和佟琳同时参加了工作。与周围"毕业即分手"的同学不一样，他们更加珍惜彼此。由于都需要租房居住，两人不约而同地想到了结婚，于是便瞒着父母偷偷地去民政局办理了结婚登记。

没房、没车、没钻戒、没婚纱、没存款、没婚礼、没蜜月，仅仅是两颗年轻的心紧密地连在了一起。

用爱经营

佟妈妈得知女儿领证，已是多半年之后。

当时，佟琳的小学同学许艳嫁给了一位北京的"富二代"。在家乡举办了奢侈的典礼。看到许艳的幸福，佟妈妈的心理极不平衡，自己的女儿不但比许艳学历高，而且长相更好，这样一比，女儿的结婚对象应该比许艳有过之而无不及。她立即给佟琳打电话，命令她必须马上与郝伟分手。但佟琳向她坦白自己早已结婚的事实深深地刺痛了她的心，挂了电话，她伤心欲绝。

佟妈妈无论如何都难以接受佟琳没有婚房就结婚，她常含着泪对佟琳说：“孩子，没有房子就没有家，咱家本就不富裕，人家都往阳光里走，你为何把自己带向黑暗？”虽然对于妈妈的话，佟琳每次都是莞尔一笑，但经历了“裸婚”后的清苦生活，佟琳开始有些摇摆不定了。

其实，自从佟琳应邀参加了许艳梦幻般的婚礼，还参观了她装修豪华的三居室婚房后，出于女孩子的本能，佟琳在羡慕之余，心里开始有了落差。

2011 年 7 月初，佟琳因为着凉患上了重感冒，郝伟正在香港出差，房东突然通知她五天之内必须腾房，她感到前所未有的负重感。拖着虚弱的身体，佟琳顶着炎炎烈日开始到处找房，跑了两天却无果而归。她不忍心打扰郝伟，只好向父母求助。佟妈妈迅速赶到北京，并趁机要求佟琳离婚，还请律师写好了起诉状。佟琳在经过一番思想斗争后，最终在起诉状上签了字。

郝伟对这一切全然不知，全身心地投入香港的项目，领导对他的才华十分赏识，他把自己事业上每一点儿小的进步都视为自己与妻子共同努力的结果。为了给妻子一些奖励，他给佟琳买了一枚钻戒。在回北京的途中，他一直酝酿着如何将迟到两年的钻戒给佟琳戴上，没想到刚进家门就接到了佟琳的离婚起诉书。郝伟欲哭无泪，他努力想挽回婚姻，多次尝试着联系佟琳，对方的手机却始终处于关机状态。

开庭当天，郝伟提早赶到法院。佟琳在佟妈妈的陪同下，神情略显紧张。当郝伟熟悉的身影映入眼帘的一刹那，她的眼泪突如泉涌……郝伟习惯性地靠近心爱的妻子，用低沉的语气说：“对不起，我让你受委屈了。”郝伟一句暖心的话语涤荡了佟琳所有的埋怨与伤痛，眼前这个男人，也许给不了她锦衣玉食，却能付予她真实而温暖的生活。

佟琳向法官申请撤诉。佟妈妈欲言又止，可能也被小两口的爱情感动了。（文/高庆）

宋鱼水评案：

婚姻最重要的标准是找准了人

佟琳最终又回到了郝伟身边，爱情最终胜过了一切，这个结局似乎带有理想主义的色彩。

其实，佟琳与郝伟是有感情基础的，他们之间的障碍是没有"经济基础"。在佟琳的母亲看来，没房就没家。所以她不但在婚前阻止女儿，婚后仍要求女儿离婚。

父母为什么如此世俗？大凡中国的婚姻，父母干涉者多，干涉不成功者也多。子女的婚姻路，父母已经干预了几千年，是否还要继续？这个问题如果以结婚为节点，天下的父母真的要警醒，因为有一个很简单的道理，当两个年轻人正沉浸在火热的爱情和纯净的幸福中时，是不能揉进世俗的沙子的，反而会弄巧成拙、适得其反。所以，年轻人自己的选择很重要，尊重年轻人的选择也是现代社会一种发展的趋势。

问题就在于，婚姻是一辈子的事情，结婚仅仅是两个人的开始，未来谁能保障一辈子相守？什么能够确保一生一世的婚姻？

没有人结婚时一穷二白，结婚后宁愿一辈子一穷二白的。婚姻与财产尤其与房产具有不可分离的关系。人们有权利追求美好富裕的生活，无非一种是希望靠未来努力工作获取，另一种希望捷径更多一些。

房产是当代年轻人面临的现实难题，运气好的父母会帮一些，运气不好的窘境多一些。但我认为，这不应该成为年轻人择偶的主要标准。时代的发展，制度的完善，年轻人对社会的贡献都随时可能改变现状。如果用一代人的眼光回顾历史，每代人都经历了历史的巨大变迁。国家在变，人民生活在变，个人的家庭生活也会发生翻天覆地的变化。所以，不能在一个时间点上盖棺定论。

对下一代的孩子而言，财产只是婚姻的次要标准，最重要的标准还是找准了人。

现在的年轻人由于接触的东西比较多、知识面比较广、心灵很阳光，他们的整体素质是可期待的；而这个整体素质上升的标志意味着选择应该是宽广的、深邃的，不要太狭隘。

无论是先有精神后有物质还是先有物质后有精神，婚姻原本就不是平静的，年轻人要学会风雨中的思考。最终，一代年轻人的价值选择必将决定你们自己的命运以及婚姻的幸福。父母只是一本曾经经历过的欲向你们敞开的书，可以不接受，但是要读、要悟、要超越；可以不接受父母的婚姻观，但要接受父母的祝愿。天下的父母没有不希望儿女幸福的，尤其是独生子女的父母，他们干涉你们或者放任你们都是一种牵挂，把爱奉献给你们——永远。

No.10 我生孩子谁做主

——婆媳矛盾引燃离婚官司

婆媳的"生子"战

徐婕说，刚结婚时，她的生活很惬意。一到周末，她和丈夫凌风就会约上朋友去郊区自驾游放松心情，尽情地享受无拘无束的二人世界。

徐婕和凌风在2006年大学一毕业就牵手走进了婚姻的殿堂。凌风的父母为了方便，特意在自己居住的小区给他们购买了一套婚房。

尽管已经结婚，但公婆对他们的呵护与照顾仍然有增无减。因担心徐婕不擅长做家务，婆婆会趁她和丈夫上班的时间，去帮助他们收拾房屋。婆婆还经常准备丰盛的饭菜，邀请他们去家里聚餐，全家人有说有笑，生活得其乐融融。

在日常生活中，公婆对小两口百般迁就，他们唯一的心愿就是希望徐婕能早日生个孩子。但考虑到两人新婚不久，可能需要一段时间调整，公婆没有急切地表达他们的愿望。

转眼间，一年时间过去了，徐婕依然没有任何动静，婆婆便开始试探她和凌风的口气："你们结婚也这么久了，是不是该考虑要个孩子了？"在小两口看来，他们自己还是在父母羽翼呵护下的孩子，压根儿就还没准备好去迎接新的生命。凌风只好打起了太极，试图转移话题；徐婕则礼貌地宽慰老人："爸妈，我们都还年轻呢，单位好多跟我们年龄差不多的同事都还没开始谈恋爱呢，如今时代不同了，我们“80 后”都流行晚婚晚育，甚至有人就一直不要孩子呢……”媳妇的话让婆婆百思不得其解，她不明白结婚生子这一亘古不变的自然规律怎么到儿媳这一代人身上打了折扣。

两代人在生育问题上的鸿沟越来越深，婆婆继续见缝插针地催促，不过她的苦口婆心总是被搪塞回来。于是，婆婆改用迂回路线，进行循循善诱：“媳妇，按照我们的经验，早点儿要孩子对大人和孩子都有好处，大人恢复得快，孩子也健康，这是符合医学常识的。如果你们工作忙没时间，我们可以全力帮你们。”婆婆的一席话令徐婕感动不已，可是她已经习惯了享受目前无人打扰、无所牵挂的自由日子，每当联想到周围那些有了孩子的妇女整天围绕孩子团团转，她就犯怵。

徐婕坚信推迟生孩子可以留住青春的尾巴；婆婆却急得像热锅上的蚂蚁，她的态度开始变得强硬起来，给小两口下了命令，必须在半年之内怀上孩子。婆婆的单方指示加剧了徐婕的抵触情绪，她没有直接反抗，而是将不满发泄在凌风身上：“你父母凭什么总是干涉我们的生活，是我们生孩子还是他们生孩子?”一边是父母的良苦用心，一边是妻子的理直气壮，凌风十分为难。

两败俱伤的选择

时光流逝，这场因生育孩子而引起的一场拉锯战持续了四年多，时间没有冲淡徐婕与婆婆之间的矛盾，反而使冲突愈演愈烈。徐婕为了躲避婆婆的攻势，拒绝与公婆见面，还阻止丈夫凌风探望他们。婆婆则在背后对徐婕指手画脚，甚至怀疑徐婕是否有生育能力。一天，她冲进儿子家，指着徐婕质问：“你是不是身体有毛病呀? 要不要送你去医院?”婆婆的话，令徐婕委屈的泪水突如泉涌，而此时的凌风也改变了态度，周围很多同龄人纷纷当了父母，他也开始考虑要孩子了。于是，他决定站在母亲这边，争取能说服妻子。

一次，凌风带徐婕一起去参加同学儿子的百日宴。宴会上，看到喜得贵子的一家人脸上都洋溢着幸福的笑容，徐婕羡慕不已，凌风则利用现场温馨的环境对她晓之以理、动之以情，徐婕开始心动了。接下来，他们开始筹划着要孩子。徐婕调整了作息时间，凌风也戒了酒，不久徐婕就怀孕了。婆婆听到这个消息后喜上眉梢，开始精心地照顾徐婕，之前的一切怨恨都烟消云散。

正当全家人都欣喜地期盼着新成员的到来时，徐婕突然得知单位有一个出国读研的机会，而且自己完全符合条件。刚怀孕的她犹豫了，出国学习正是她梦寐以求的，此次机会简直千载难逢，可肚子里的孩子也寄托了全家人的希望。经过反复考虑，她决定放弃孩子，打算学成归来后再重新要孩子。她在闺蜜的陪同下悄悄去医院做了人工流产手术。

身体尚未完全康复的她回到家后，没过几天就被婆婆看出了端倪，她只好如实地将事情的真相告诉了婆婆和丈夫。她的话音未落，婆婆如五雷轰顶，长长地叹了一口气。丈夫凌风也气急败坏，抓起徐婕的衣领大吼："你为什么不和我商量……"徐婕保持了沉默，因为她明白如果商量，那结果肯定不能如己所愿。

果然，徐婕顺利地争取到了单位出国的机会，可就在她准备启程的前夕，却收到了法院的传票，凌风起诉跟她离婚。法庭上，凌风向徐婕表明了自己的心声："这么多年来，我一直宠着你、依着你，可是这件事你做得实在是太过分了，我对你已经彻底失望了……"徐婕了解丈夫，既然已经彻底死心，也就没有挽回的余地了。因此，她同意了离婚。（文/高庆）

宋鱼水评案：

对子女的独立应予以尊重

徐婕案具有一定的代表性，反映了年轻人敢做敢当、不计后果的特点，也让我们开始反思"如何做父母"和"如何做子女"的问题。

我们该如何做父母？

“80后”的父母多为改革开放的耕耘者和受益者，他们在奋斗中不仅为子女提供了诸如住房等基本的物质生活条件，而且在子女的成长中呵护陪伴，为子女的成才可谓呕心沥血，感情投入很多。可是当儿女成家时，父母就要面临第二次“临产”了，原本的三口之家被拆分成两个小家。那些想参谋而无法再插手的父母，那些着急抱第三代而不能立刻遂心愿的父母，多多少少要调整一下心态了。此时，父母已经完成抚养子女的义务。接下来，得到的要珍惜，得不到的勿要责怪。

婚后的儿女已经独立，真正有价值的独立必须赋予对他们选择的尊重，真正有价值的人生只能是他们独立选择的这一代人努力去奋斗的人生。我们可以发表意见，做一些游说工作，但不宜干预下一代的生活。孩子们的世界我们是进不去的，他们要不要孩子、要不要出国、要不要工作或者要什么样的工作，取决于他们自己。所以要给父母们一些忠告：放手吧，放手会有放弃主角的烦恼，亦会有充当配角的准确定位并因此刷新我们的幸福指数。

“80后”如何做好子女？

摆脱了父母的子女们，有了自己的天下。这世界属于谁？是否还要考虑父母，考虑大家、小家和你的选择？父母属于你，还是你属于父母？有的人为事业不要家庭，有的人甘愿二人世界不要孩子，他们做的并不是一般人的选择。就像徐婕，在她的心中，自己是最重要的，对学业和事业的追求是不可阻挡的，哪怕是家庭的阻力，哪怕失去了爱人。如果徐婕是经过深思熟虑后作出选择，那么我们就该尊重，而不是过多地批评。

世界上有没有完美的路？有的。徐婕的做法有商榷的余地。一个人如果爱另一个人，而且两个人携手走进婚姻殿堂，这就意味着彼此准备为对方奉献，尤其是受过高等教育、被东西方文化共同影响的“80后”。凌风伤心的不是徐婕要不要孩子，而是凌风在徐婕心中的位置。我觉得，徐婕要出国，交给凌风选择，说不定他会尊重徐婕的选择，起码两个人能找到一个两全其美的答案。这事放到我们“60后”身上，虽然也有人会作出徐婕这样的选择，但60年代的人不会轻易放弃完美的选择。虽然他们经历了很多的困苦，但对家庭的理解和对婚姻、孩子的选择，多数人还是从说服下手，寻找妥协与折中。

这个家庭就这样散了，但更多的家庭，我们还是要慎重。改革开放已经30多年了，路越来越宽，有外界阻力的家庭越来越少，自我奋斗的机会越来越多。珍惜得来不易的温馨，两全其美是古老中国留下的最有爱心的祝福。

No.11 儿子的“小三”出现后

——一起房产纠纷背后的特殊担当

曾几何时，北京中关村附近某小区的一套三居室里住着一家三代五口人，家里洋溢着欢声笑语。然而，如此美好的生活因家庭的解体而终止。两年后，两位老人一纸诉状将自己的亲生儿子告上了法庭。

幸福生活闯入第三者

2005年，土生土长的北京小伙儿姚彬迎娶了温柔贤惠的河北女孩儿严秀。一年后，他们的爱情结晶小姚姚降生。

姚彬大专毕业后在父母的支持下购买了一辆面包车负责给人拉货，而严秀在离家不远的一家超市做收银员。虽然自己的父母不在身边，但公婆的关怀让她感受到家的温暖。她懂得知足与感恩，对公婆十分孝敬，对丈夫和儿子也照顾得尽心尽力。公婆对这个勤劳质朴的儿媳妇赞不绝口，把她当亲女儿一样疼爱。

自从孙子降生之后，姚彬的父母姚爱民和李爱娟喜不自禁。为了照顾胖孙子，老两口从昌平区回龙观搬到了儿子在中关村的家，不但在生活上给予他们照顾，而且从经济上也是大力支持。老两口将回龙观的三居室租了出去，把租金全部给了儿子。不仅如此，他们还负担了一家五口的生活开支。老两口就是想尽自己最大的努力减轻儿子、儿媳的生活压力，为孙子营造良好的成长环境。

有了父母的资助，姚彬的工作动力慢慢地被舒适惬意的生活消磨掉了，他开始三天打鱼、两天晒网。他觉得虽然父母的两套房屋尚未过户到自己名下，但迟早都是属于自己的。因此，他经常对外以坐拥两套房产自居，那种感觉让他不禁飘飘然起来，一颗按捺不住的心使他走向了外面那个五彩斑斓的世界……

在一次朋友聚会上，姚彬结识了年轻貌美的四川女孩儿伊慧。伊慧来京时间不长，可她早已悟出了自己在这个繁华大都市的“立足之道”。她心里盘算着把号称拥有两套房产的姚彬当作自己一生的依靠，丝毫没有顾及这个男人身后的家庭。伊慧的风情万种让姚彬如痴如醉，让他完全忽略了家中勤俭持家的妻子、活泼可爱的儿子以及日渐苍老的父母。

姚彬和伊慧以爱的名义悄悄地走在了一起，他们肆无忌惮地享受着高档的消费，仅有的房租来源已难以满足他们的支出。于是，姚彬以与朋友合伙做生意为由开口向父母要钱，他用“强烈的事业心”不费吹灰之力打动了父母，姚爱民和李爱娟毫不犹豫地拿出了10万元钱支持儿子。不到三个月，10万元钱就被姚彬和伊慧挥霍完了。伊慧不再满足于姚彬所送的衣服、化妆品等礼物，掩盖在她迷人微笑之下的目标是婚姻和房子。她时不时地向姚彬撒娇道：“亲爱的，你赶紧和你老婆离婚，顺便把你父母的房子过户到你名下，这样我们就可以名正言顺地在一起了……”此时的姚彬已经完全被伊慧所吸引，他思忖着如何去直面一直被他蒙在鼓里的家人。

公婆护儿媳起诉儿子

纸终究是包不住火的，姚彬在外拈花惹草的事通过邻居传到了姚爱民夫妇耳里。面对父母的质问，姚彬决定利用这个契机向父母和妻子摊牌。他对父母说：“爸妈，我准备和严秀离婚，我还要这套房子。”“不可能，严秀是咱们家的儿媳妇，谁也别想赶她走。”姚爱民的态度很强硬。“儿子，你赶紧离开那个女人，人家图你什么呀？你瞧，自己的老婆多好呀！”李爱娟劝说道。

正在房间里哄儿子睡觉的严秀清楚地听到了丈夫和公婆的讲话，犹如遭到晴天霹雳，顿时心乱如麻。她走出房门时努力克制住早已在眼眶里打转的泪水，哽咽着问姚彬：“为什么？我们现在生活得不好吗？”“我喜欢上别人了，她能给我你不能给我的感觉。”泪水逐渐模糊了严秀的视线，她太了解丈夫了，在这个家里，丈夫所坚持的事情没有人能阻拦得了。

此后的日子里，姚彬对严秀愈加冷淡，嫌弃她不够时尚。最终，严秀选择了妥协，在离婚协议书上签了字，孩子归她抚养，姚彬承诺每个月给孩子抚养费1000元。当严秀含着眼泪收拾东西带着儿子离开这个家时，公公婆婆极力阻拦：“就算离了婚，该走的也是没良心的姚彬，他别想打房子的主意，你们娘俩就跟着我们。你们就是我们的女儿和孙子，我们没有姚彬那个儿子。”

办理完离婚手续后，姚彬立即在外租房和伊慧住在了一起，筹划着占领父母的房子。可姚爱民和李秀娟夫妇早有了防备心理，绝不会让姚彬和伊慧的如意算盘得逞。姚彬持续不断地向父母提出要房子，姚爱民和李秀娟的态度很坚决：“两套房子都是留给孙子小姚姚的，除非你复婚；否则，房子没有你的份儿。”

姚彬屡屡碰壁，伊慧似乎已经没有耐心再等待下去，给姚彬支了招。姚彬装得可怜兮兮地告诉父母：“我现在已经露宿街头了，你们于心何忍？”一贯宠爱儿子的李秀娟心软了，便答应让儿子回来住。可姚彬步步紧逼：“我要带伊慧回来住，不可能和你们住一起，这样对小姚姚的影响也不好。”无奈之下，姚爱民和李秀娟只好把中关村的房屋让给了姚彬，但并没有过户给他。

姚彬和伊慧总算称心如意了，而严秀却陷入了迷茫，她带着儿子不知道何去何从。姚爱民和李秀娟难以割舍孙子，更不情愿看到严秀带着孩子在外漂泊。权衡之下，他们决定带严秀和小姚姚一起搬到回龙观的房屋里去。虽然儿子与严秀离婚了，但他们宁愿相信儿子只是一时的冲动，他们期盼着姚彬总有一天能回心转意，让这个家破镜重圆，严秀还是自家媳妇。

就这样，严秀带着儿子跟公婆在回龙观度过了两年清静的日子，直到小姚姚该上小学了。小姚姚的户籍在海淀区中关村,最理想的莫过于能够就近划片上学。姚爱民和李秀娟爱孙心切,多次找到儿子交涉,希望他能为了小姚姚上学方便,将两套房屋调换过来,但均遭到了姚彬的反对。姚爱民夫妇气愤之下,一纸诉状将姚彬告到了法院,要求他腾出中关村的房屋。(文/高庆)

宋鱼水评案:

婆媳间的担当与感恩

我相信,很多人看完这个故事之后会将问题的焦点集中在伊慧身上,正是她的出现破坏了这个家庭。从此,一家三口五代人不再圆满,这家人的幸福也戛然而止。

原本幸福的生活闯入了第三者,这是谁都不愿看到的事情。人们痛恨第三者,特别是那些动机不良、心存恶意的第三者。但在现代社会中,人们又清醒地认识到,年轻人对精神生活的追求越来越高,这种追求的副产品就很可能引起家庭危机,导致家庭关系的破裂。人们一方面希望家庭生活稳定,另一方面又不愿意选择没有感情的家庭生活。所以,一旦遇到感情问题很难委曲求全。本案就是一个典型的例子。

我们在哀叹之余,还是能感到一股暖流在涌动,那就是严秀的公婆,他们如此善良,如此担当。老两口在儿媳和孙子无依无靠时将他们留下来,支撑这个虽然破碎但依旧温暖的家。老人的美德与年轻人的忘恩负义形成了鲜明的对照。想想看,在没有儿子的日子里,婆婆和儿媳是一家人,让小宝宝过着不变的温馨的日子,这样的精神境界对这个家产生了极大的影响,对隔代的孩子产生了极大的品质教育,同时,又为年轻的儿媳抚平了心理创伤。

当然,能够与公婆和睦相处的儿媳也是不容易的。现代的年轻人几乎很少能与自己的父母住在一起,何况是婆媳相处。本案中的婆媳,在已经不是法律意义上的婆媳关系的情况下还能成为一家人,这也是儿媳的贤惠所致,更有儿媳的牺牲在此。孩子很弱小,让孩子有个温馨的生活环境必然要作出非凡的选择。做母亲的最终选择留下来,为了孩子的成长,为了公婆的健康。这是一种令人尊敬的女性付出,应该引起现代年轻人的思考。

No.12 “北漂”小伙儿的苦涩婚姻
——一起上门女婿的协议离婚案

入赘女家

五年前，相貌俊朗的丁杰揣着家乡贵州一所大学的毕业证，独自来到北京闯荡，成为名副其实的“北漂”一族。他在北五环的一所集体宿舍租了一个廉价的床位作为自己的栖身之地。不久，他便在一家医药公司找到一份销售工作。站在繁华的街道上，丁杰憧憬着未来，他相信在不久的将来自己就能在这座城市拥有属于自己的房子、组建温馨的家庭，还要把家乡含辛茹苦的父母接来安享晚年。

就在丁杰奋力埋头于事业时，一次偶然的机会，他邂逅了地地道道的北京女孩儿金玲。金玲家境殷实，从小养尊处优，对丁杰一见钟情。虽然丁杰对金玲也有好感，但考虑到家境上的悬殊，他还是委婉地对金玲说：“我来自农村，经济条件不好，恐怕给不了你幸福。”然而，这并非金玲需要考虑的问题，她说：“我俩以爱的名义在一起，物质方面不用担心。”在金玲的追求下，他们恋爱了。

相处一年后，两人开始谈婚论嫁。金玲的父母得知未来女婿竟然是个外地的穷小子后，大发雷霆，强烈反对这门婚事。金玲则摆出“非丁杰不嫁”的姿态。父母只好作出让步，同意全款给小两口购置一套婚房，但前提是丁杰必须入赘。可是，丁杰作为家中的独子，按照家乡的习俗，做上门女婿的这一条件是极难接受的。金玲耐心地疏导他："反正我们结婚后也是在北京生活，无论入赘还是迎娶，你们老家人也不知道。"丁杰只好勉强地接受了。他将结婚的喜讯告诉了父母。父母激动万分，张罗着为儿子准备婚事。他却平静地对父母说："爸妈，我们在北京的大酒店办婚礼，媳妇家都筹备好了，你们不用操心了。"丁杰父母得知儿子找了个北京有钱人家的千金，兴奋中夹杂着丝丝忧愁。

婚礼当天，场面宏大而浪漫，从乡下赶来的丁杰父母显得十分拘谨，和婚礼的情调有些格格不入。临走时，丁杰母亲握着儿子的手说："儿子，自己要争气，在别人的屋檐下过日子，可要多担待点儿。"丁杰若有所思地点点头。

苦涩的婚后生活

婚后，丁杰从狭窄阴暗的集体宿舍搬进了宽敞明亮的商品房，这步跨越使他少奋斗很多年。成家后，他勇挑家庭重担，不愿一直成为岳父母的"寄生虫"。在工作中，随着经验的积累，他的销售业绩有所增加，收入也稳步提高，但远远赶不上妻子的消费水平。他善意地和金玲商量："以后买东西不一定挑最昂贵的买，好吗？咱俩得开源节流。"金玲顿感自主权受到了挑衅："你有什么资格说我呀？就凭你挣的那点儿钱，还不够我买化妆品呢！我花的每一分钱都是我父母的，我们住的房子还是我父母的呢！"丁杰被狠狠地噎了回去。

半年后，金玲有了身孕。金玲的父母忙于工作，无暇照顾女儿。丁杰提议让自己母亲来北京照料，却遭到了金玲的反对："你妈会用抽油烟机吗？她懂得婴儿护理知识吗？""我妈的勤劳能干在我们老家可是出了名的。"丁杰一本正经地解释道。"总之，我就是不同意，我宁愿花钱雇保姆和月嫂。"丁杰没再坚持，但金玲对他母亲的蔑视却深深地刺痛了他的每一根神经。

听说孙子出生后，丁杰的父母高兴得合不拢嘴，绞尽脑汁给孙子取名字。不过丁杰清楚，父母煞费苦心也是徒劳的，儿子不可能跟自己姓。为了宽慰父母，丁杰编了一个善意的谎言："儿子只有跟着金玲姓，才能取得北京户口，这也是为了孩子的未来好。”说这话时,他内心充满了苦楚。

春节前,丁杰想把儿子带回去让父母见见,不料金玲立即予以否决:“你们老家阴冷潮湿,又没有暖气,把儿子冻坏了怎么办?”无奈,丁杰独自回到老家。丁杰的父母略显失落,但也没有怪罪,他们把儿子儿媳的一切决定都视为对孙子的爱。丁杰返京时,母亲小心翼翼地把为孙子编织的衣物裹了一层又一层,托儿子带到北京。

可惜,爷爷奶奶沉甸甸的爱没有给金玲带来任何惊喜,金玲瞅了瞅一堆没有任何时尚元素的衣服,不屑一顾地说:“这些布料来历不明的衣服,也没有经过正规的质量检验,会不会伤害小孩儿皮肤还不好说,不如干脆扔了算了。”接着,她继续数落丁杰:“你们家只会拿这些没价值的玩意儿糊弄人,你一个大男人想对儿子承担责任,就学学我们同学的老公,自己开公司,挣大钱了都是去国外给孩子买衣服、买奶粉,送孩子上私立幼儿园。你有那个能耐吗?”金玲说的字字句句如锥子般扎向丁杰本已脆弱、敏感的心。他一直在奋斗,可是妻子的要求却总是遥不可及,他心中长期积聚的怒火终于喷发:“早知道你这么瞧不起我,当初我们结婚就是个错误,这日子没法儿过了。”“我也早就不想受你拖累了,干脆离婚算了。”金玲提起嗓音。

两个年轻气盛的年轻人说到做到,一周后,两人共同到法院办理协议离婚。法庭上,没有争吵,没有埋怨。或许,他们彼此都明白,婚姻恰如穿在脚上的鞋,合适不合适只有自己知道。(文/高庆)

宋鱼水评案:

婚姻中也要正视“城乡差别”

难道丁杰与金玲的爱错了?很多人会觉得如果没有金玲,丁杰会沿着自己的奋斗目标成为一名进城的拓荒者,吃得苦中苦,享受苦中甜。金玲的出现使他不用为房子奋斗,也使他得到的容易而失去在金玲心中的价值。金玲给予丁杰的物质并非丁杰所奢望,丁杰给予金玲的精神又被金玲所淡忘。但这并不意味着两个人不应有爱,年轻人的爱是纯洁的,两情相悦是一种情感。这种情感一旦产生,是精神、气质、第六感觉的吸引。金玲为了爱,不顾丁杰的一贫如洗而嫁给他,这是一种值得讴歌的选择。

丁杰与金玲的爱情最终没有坚持住,是因为丁杰与金玲受到的是不同的价值观的熏陶。丁杰在苦日子中长大,无论日子多么艰难,他都能忍受;而金玲却不同,她最大的难题是即使主观上想过苦日子,但客观上也会受不了的。对金玲而言,好日子过惯了,突然失去花钱如流水的日子是不可忍受的;而坚持这样的日子,除非靠父母养着。一个结了婚、有了孩子的母亲,怎能继续靠父母生存。无奈,她更多的目光盯着老公的钱。当她发现老公虽然努力了,但日子还是要紧巴着过时乱了方寸。金玲左看右看,老公的钱变得越来越重要。金玲终于等不及,讽刺挖苦,直至看丁杰已经不是原来的丁杰。其实,丁杰还是那个丁杰,是一个仍然在努力的丁杰。变化的是金玲。殊不知,这样的日子只是暂时的。有理想、肯努力、具有坚韧不拔精神的丁杰,一定会改变他们的生活,只是需要时间而已。可是,金玲却把得到的大山又变成碎末扔到海里去了。

金玲戴着城市的有色眼镜瞧不起乡下人,并不是绝对的错。我国一直存在城乡差别,尽管很多人梦想打破,但非一朝一夕之事。金玲借着入赘契约与丁杰的父母越走越远,以致丁杰忍无可忍。而父母的养育之恩于丁杰意义非凡,凡是农村出来的大学生多以孝顺著称。因为父母的远见在于多穷也不能让孩子穷知识,能够让孩子有知识的父母在农村都是了不起的父母。所以,嫁给一个农村孩子的女人,可以伤男方本人,但不能伤他的父母。一旦伤了男方的父母,就等于扭曲了他的价值观,他会因此重新考虑自己的去向。金玲与丁杰感情的断裂就在于此。

第二编

京城典型交通案例

生活在机动车时代，每个人都是交通的参与者。是乱闯红灯还是遵守信号灯，是横跨栏杆还是走人行横道，是人车相争还是互相礼让……不同的选择，往往带来不同的命运走向。

事实上，许多人的命运因“错误选择”而改写。

这里选取的典型案例，几乎囊括了车祸的所有类型。

对这些典型个案，宋鱼水有针对性地从法律规则、当事双方的角度进行点评。她用生动的语言透彻地阐释了自己的理念——这些酷似调解用语的内容，因为鞭辟入里而充满魅力。

本编作者合影

No.13 夺命的红绿灯

——一场骑车人违章的交通悲剧

一场飞来的车祸夺走了郭攀年轻的生命。不久后,他的母亲也因病去世。一个三口之家只留下郭攀的父亲郭化锦独自支撑。在交通事故调解书上签完字,郭化锦老泪纵横,他和老岳母得到的20余万元赔偿款远远无法弥补他的丧亲之痛。

车轮下逝去的生命

2010年的冬天对于江苏省泰兴市郭化锦一家来说,异常寒冷。外面是呼啸的寒风,屋里是病痛的呻吟声。几天前,郭化锦的妻子腊梅突然大脑胀痛、全身乏力,跑遍了当地的医院,医生都只是摇头表示同情,建议到北京治疗。腊梅想放弃,可是,刚刚走上工作岗位的儿子郭攀却毅然辞去工作,一个人带着母亲前往北京看病。

抵达北京后,郭攀母子在一家简易的旅馆安顿下来,然后直接赶赴一家三甲医院。最终,腊梅被诊断为急性粒单核细胞白血病,唯一的治疗方案就是成功地进行亲缘单倍体骨髓移植,否则将有生命危险。郭攀拿着检查结果的双手开始颤抖,那颗爱母之心剧烈地跳动着。他当即作出决定:为母亲提供骨髓移植。经过体检,郭攀正好能给母亲配型,绝望中的他看到了希望。

手术被安排到三个月以后。为了节省开支,郭攀将母亲安顿到更便宜的出租房内,他开始打零工挣钱。为了方便照顾母亲,郭攀花 200 元钱买了一辆二手自行车,每天迎着刺骨的寒风往来于打工地和出租房之间。在这个令他眼花缭乱的陌生都市里,郭攀时常觉得很迷茫。

12 月 10 日下午,郭攀骑自行车急匆匆地回去照顾母亲。当他骑到一个十字路口时,信号灯变成了红色;而满腹心事、埋头骑行的郭攀却没有注意,继续向前骑去。突然,一辆白色的小轿车从侧面驶来,郭攀倒在了血泊中……

白色小轿车的司机罗鹏与郭攀年龄相仿,虽然在事故中没有受伤,但却受到了严重的惊吓。交警赶到现场后,经过勘查和询问,作出交通责任事故认定:郭攀驾驶自行车违反交通信号灯指示行使发生交通事故,其过错行为是此事故发生的主要原因;罗鹏驾驶机动车未及时发现情况确保安全行使发生交通事故,其过错行为是此事故发生的次要原因。

谅解中达成的协议

郭攀的死亡令全家人悲痛欲绝,郭化锦从老家赶来与妻子一起料理儿子的后事。腊梅陷入了深深的自责当中,她无数次失声痛哭着责怪自己,如果自己不来北京治病,又怎么会白发人送黑发人?而年过半百的郭化锦,不但要忍住丧子之痛去安抚妻子,还要面对妻子的骨髓移植手术在某种程度上落空的残酷现实。

为了尽可能挽回损失,郭化锦夫妇将罗鹏及其车辆所投保的保险公司起诉到法院,要求双方赔偿死亡赔偿金、丧葬费、精神抚慰金近 40 万元。

开庭时,郭化锦操着浓重的乡音说:“我们夫妻俩含辛茹苦地把儿子抚养大,刚长大成人有了出息,却被汽车撞没了,这让我们怎么活呀!我们还指望着儿子给他妈捐骨髓呢!”坐在一旁的腊梅早已泣不成声:“你们还我儿子!”一声撕心裂肺的哭喊令在场的人无不动容。

此时,坐在被告席上罗鹏的父母也是满腹委屈。罗鹏的父亲说:“对于郭攀的死亡,我们也感到十分痛心和惋惜,但我儿子开着车正常行驶,车的性能没问题。如果郭攀不闯红灯,这起交通事故也不会发生。”罗鹏的母亲声音哽咽地说:“其实,我儿子也是事故的受害者。这次事故在他心里留下了挥之不去的阴影,他现在经常失眠,再也不敢开车了……”

由于郭化锦未收集齐相关证据,法庭决定择日二次开庭。

就在郭化锦积极地准备证据时,由于未能再找到合适的配型骨髓,腊梅离开了人世。再次失去亲人之痛,让郭化锦几度绝望,他甚至不知道自己独活于世间还有什么意义。

法院在得知该噩耗后,依法定程序将腊梅远在老家的母亲作为第一顺序继承人追加为原告。

第二次开庭时,腊梅年迈的老母亲哭诉着女儿一家的悲惨遭遇,被告席上罗鹏的父母听后也为之落泪。最终,罗鹏的父母同意在可承受的范围内进行合理的赔偿。法官因势利导,继续给双方做调解工作:“交通事故的不幸发生是任何人都不愿看到的结果,尤其是原告家的境遇确实让人同情。但问题既然已经发生,大家最好本着互谅互让的原则,共同依法解决。被告的车辆投保了交强险,保险公司理所当然应该在保险限额内赔偿原告。至于被告,因原告过错在先,负主要责任,所以应减轻被告的责任。”

听完法官的话,郭化锦埋着头、低沉地说:“法官,我们相信法院,您就依法办吧。我们也不想为难对方了。”罗鹏的父亲也接过话:“法官,我们也挺同情对方的,失去亲人的滋味我们懂,您就算一下我们该赔多少吧,我们马上就筹钱,尽早给对方。毕竟他们大老远跑来打官司也不容易。”

最终,在法院的主持下,双方达成了赔偿协议。如果给这个协议附加一个美好的愿望,那就是:让交通事故远离每一个人、每一个家庭。(文/高庆　游晓飞)

宋鱼水评案:

每个人都应对生命负责

郭攀走了,我们该如何面对这起交通事故的不幸以及这个家庭的灾难?

郭攀虽然家境贫寒,但其敢于担当,用其并不结实的肩膀支撑着病中的母亲。闯进陌生的北京,他依然分秒必争地用劳动积攒给母亲的看病钱。他太累了,所以犯下了致命的错误。一颗滚烫的心,一个年轻而又如此可爱的生命在闯红灯的一瞬间逝去了!

我读完这个案例,悲伤而无言,甚至迁怒于故事的整理者整理得太残酷。但这就是郭攀的命运、郭攀家庭的命运,他奋力拯救母亲,结果与母亲一起告别了这个世界。死亡是一件可怕的事情,但死亡不会带走一个人的一切,总有一些东西会继续留给世人,供活着的人们咀嚼回味。郭攀虽已走了,他的精神会时常闪烁在我们的脑海中。我们怀念郭攀、悼念郭攀,也能给这个不幸的家庭一些精神抚慰。

其实,在这场事故中,生者与死者都背负着沉重的山石。起初,罗鹏的父母想到的是儿子没有责任。后来,他们不再纠结于此。因为无论有责无责,事故发生了,法律上不可能完全免责。立法者至今不敢下决心,让无责者撞了白撞。在现代交通面前,"撞了白撞"的矛盾从其出现伊始,探讨从未停止过,这意味着没有十全十美的解决方式。在一个人的精神世界里,即使行为上不承担责任,心理上又能否被"不"填满呢?法律能快刀斩乱麻,但人性化的法律仍然需要不可或缺的包容,那就是最大可能地从制度上化解风险,使人与人之间充满更多的谅解。

为了"郭攀之痛"不再重演,我希望各种目的进城者都能学习基本的交通知识。现代交通不会因某个人不懂或忽略而停止运转,一切有能力的教育管理者都应高度重视对交通知识的宣传。

“红灯停,绿灯行”。规则本身并不高深复杂,复杂的是如何让每一个人都能将基本的规则融入日常的交通出行习惯中,使原本保护生命的交通规则发挥应有的作用。

在此,诚恳地期待这个机动车时代的交通参与人,无论是行人,还是机动车驾驶人,我们能做的首先就是要遵守交通规则,从自身做起,尽量减少车祸发生的概率。希望每个人都以对生命负责的态度,遵守交通规则,和谐出行。

No.14 醉驾后的伤痛
——搭车人状告醉驾者之诉

在租来的阴冷潮湿的平房里，张美钰端坐在镜子前，望着自己脸颊那一道触目惊心的疤痕，忍受着腿部的疼痛，不禁潸然泪下。这一切还得追溯至2011年春节后的那起惨烈的车祸。

午夜车祸

张美钰出生于四川偏远山区。10年前，她生下儿子后，就将孩子留给了公婆抚养，她和丈夫李铁坤双双来北京打工。丈夫在建筑队工作，她则在酒店当服务员。甄鹰扬是张美钰所在酒店的老顾客，彼此在一来二往中逐渐熟悉。

2011年春节后的一个夜晚，张美钰下班后正准备离开时，一辆豪华的黑色小轿车突然出现在她面前。从车上下来的正是甄鹰扬，他来请张美钰吃夜宵。张美钰迟疑了片刻，因为她已经习惯了丈夫每天等待着她准点下班，但拒绝甄鹰扬又难以找到理由。经过一番思想斗争后，她给丈夫发了条短信，便跟随甄鹰扬坐上了令她望尘莫及的高档座驾。

在位于西三环的一家大排档里，甄鹰扬点了一些烤串和几样小菜，主动打开了话匣子："我最近有些不顺，心情不好，只想约你出来聊聊天……"张美钰专心致志地盯着侃侃而谈的甄鹰扬,对他所说的每句话都充满了好奇,俨然成了他最好的聆听者。甄鹰扬的兴致越来越高,半个小时后,他提议小酌几杯。张美钰急忙阻拦:“你还得开车呢,怎么能喝酒?”“没事,放心吧,跟你聊天我很开心,心情好就得多喝几杯!”张美钰没再劝阻,而是陪着甄鹰扬喝了几杯。

两人走出了大排档时已是午夜时分,张美钰准备就此告别,甄鹰扬则提出要送她回家。“你行吗?还能开车吗?”张美钰疑惑地问道。“绝对没问题,刚才喝那点儿离我的量还差得远呢!本人一定安全地将你护送回家。”于是,张美钰也侥幸地认为夜晚车少人少,应该不会有大碍,便坐上副驾驶座。

车辆像黑色闪电一样划过清净的街道,在飞速行驶了一段路程后,骤然失控,径直驶入了逆行车道,冲向了马路边停驶的一辆工程作业车……

张美钰醒来时发现自己已经躺在了医院的病床上,脸上裹着纱布,腿一动也不能动。丈夫李铁坤在病床前悉心地照顾着。此时的张美钰悔恨交加,她本想向丈夫解释什么,可又难以启齿。丈夫握着他的双手痛惜地说:“我都知道了,幸好没有大碍,什么都别说,好好养伤。”没有指责、没有埋怨,丈夫的宽容和大度令她显得更加无地自容,感动的泪水模糊了她的双眼。

为醉驾埋单

交管部门很快对这起交通事故作出了认定,甄鹰扬醉酒驾驶车辆,并超速且逆行,负事故主要责任,工程作业车的司机负次要责任,张美钰不承担事故责任。

事故发生后,甄鹰扬除了托人送来4万元的医疗费外,就再也没有露过面。张美钰认为甄鹰扬应该支付全部的医疗费用,便拨通他的电话,电话那头传来甄鹰扬残弱的声音:“我双腿都快残了,驾照被永久吊销了,我开的那辆车是我弟弟的,已经彻底报废了。实话告诉你吧,我没钱,我自己的医疗费都是弟弟出的。你明知我喝了酒,还上我的车,你就自认倒霉吧。”

甄鹰扬并没有骗张美钰,他所驾驶的轿车确实是弟弟甄鹰飞的。甄鹰飞的经济条件优于甄鹰扬,长期以来他一直在经济上帮助和支持哥哥。但这次,顷刻之间自己价值几十万元的车辆变成灰烬,却因哥哥醉驾而得不到保险公司的任何理赔。虽然他出于手足亲情为哥哥支付了所有的医疗费,但同时也郑重地告诫哥哥:“你落难了,我做弟弟的不能袖手旁观,但从今以后,我们亲兄弟明算账,损坏我的车该赔还得赔,给你垫的钱该还还得还。”

弟弟那股前所未有的严肃劲儿给了甄鹰扬一击重拳。车祸不仅带给他身体上的伤痛,还让他失去了原有的工作。对于这个即将步入不惑之年的未婚男子来说,他得重新追求事业,继续寻找爱情,同时还得背负着沉重的经济负担。

在几次与甄鹰扬交涉无果后,张美钰将甄鹰扬、轿车的所有权人甄鹰飞、工程作业车的所有权人和驾驶人及保险公司同时告上了法院,要求赔偿各项费用共计20万余元。

法庭上,各方当事人对事故认定结果均无异议,被告方一致表示原告张美钰明知甄鹰扬醉酒仍乘坐其驾驶的车辆,过错十分明显。对此,张美钰百口莫辩。事发前她曾犹豫过,可没有坚定自己的立场,她乐观而自信地认为厄运不会降临在自己头上,结果却偏偏没有得到幸运之神的垂青。

最终,法院认为,张美钰本人对醉酒驾车可能造成的损害后果有一定的认知,但其具有可以轻易避免的侥幸心理,作为被害人的张美钰对损害的发生存在过错,应适当减轻侵权人的责任。法院判定张美钰要对自己身体损害的损失承担40%的责任。

张美钰在丈夫的搀扶下走出了法庭,甄鹰扬则从另一个方向默默地离开。他们有一个共同的心愿,让生命中的这段插曲逐渐成为逝去的梦魇,在以后的日子中更加爱惜生命,珍惜身边的人。(文/姚琳 高庆)

宋鱼水评案：

融入城市需要现代生活的基本常识

张美钰和其丈夫抛家舍子从四川到北京谋生是民工潮中的一种现象。他们吃苦耐劳、渴望幸福的追求不仅改变着他们自身的命运，也在改变着中国人的命运。但他们面对城市的风险和自身接受教育的不足，出现了很多令人揪心的事情。本案即是其中一例。

我们试图挽回因酒驾对张美钰引起的事故后果已不可能，我们不仅要认识到这是张美钰自己造成的，也要认识到造成这种现象有其必然性。正如本案所述，张美钰与甄鹰扬外出虽是甄鹰扬邀请但其没有强迫，是否去张美钰有决定权。当张美钰最终选择接受邀请，像都市女性一样与一位男士在都市中平起平坐并耐心倾听其倾诉时，也许她感觉到的是尊严和价值。我们可以想象一下，张美钰第一次遇到一个城里人视其为“谈话知己”，她的反应是不可能十分理性的。那个夜晚对张美钰来说，感性与理性是交错的，从与甄鹰扬一起出去就一直在被动，直至被动地听、被动地喝、被动地坐在副驾驶的位置上，被动地出现了交通事故才恍然初醒。

张美钰为其过错承担责任，为其行为付出了沉重的代价。而社会作为救助者，我们需要思考我们可以做什么？现代社会让农村与城市处在交融中，真正的交融是人接受教育的平等，而教育的内容包括现代生活的基本常识。假如张美钰从小接受交通常识的教育、与陌生人交往的知识培训，她在遇事时起码不会觉得委屈，甚至完全可以避免。

甄鹰扬的伤情比张美钰还要严重，他有可能面临双腿残废的命运，这对一个从未吃过苦、从未做好艰苦准备的人可谓重创。其实，甄鹰扬并非有实力的开车者，他从事的是普通劳动者的工作，高级轿车是弟弟借给他的。没想到弟弟的好心换来的是哥哥的残疾，这对重视骨肉亲情、视哥哥如己的弟弟而言，可谓心如刀绞。纵容与娇惯并不能培养出真正的亲情！

我们需要提出一个问题：一个不凭自己劳动购车而开车的人能否更好地约束自己的行为？假如甄鹰扬是凭借自己的努力挣钱购车，起码其对购车的不易、购车的过程有过认真的思考。这种思考应该是一个重要的训练过程，即一个人对自己所有物的爱惜，进而是一个人对自己的爱惜，对生命的爱惜。一个对自己行为慎重考虑的人，才是一个敢对自己负责任的人。因而，也才能够对别人的行为负责。像甄鹰扬这样对自己行为认知不够是需要反思的。只有反思，我们才能够重视生命、重视行为，才能够警示后人，坚决不做酒驾者。

当然，原谅总是存在的。假如甄鹰扬已悔恨，假如酒驾已足以引起众人的重视，社会已没有了酒驾，全社会的力量用以拯救为之付出代价者，人们不会抛弃甄鹰扬。以生命的代价领悟到生命意义的甄鹰扬需要重塑信心，在特别的人生中感悟生命的意义。

No.15 女大学生遭公交车残酷碰撞

——行人误入机动车道引发的事故

24岁、名牌大学、硕士研究生、成绩优异、活泼开朗……这些都预示着李芳圆本该拥有一个美好的前景。然而，一辆飞驰而来的公交车碾碎了她的梦想和本应灿烂的青春。

求职大学生梦断车祸

李芳圆是一个活泼开朗、气质优雅的东北女孩儿，她从小就热爱艺术，一直是学校舞蹈队的主力队员。7年前，李芳圆考入北京一所著名的财经院校学习金融专业，并直接被保送为本校的研究生。

2010年下半年，李芳圆面临毕业找工作。为了寻找最佳工作机会，她每天浏览各大招聘网站，并奔波于各种招聘会，参加多个用人单位的笔试和面试。

11月20日上午，李芳圆参加了一家大型国有银行组织的笔试。经过近两个小时的鏖战，李芳圆顺利地答完了全部试题。走出考场后，她的心情仍不能平静，一直思考着考卷上那两道模棱两可的题目。她一边思忖着一边向公交站台走去，可能是想得太投入，竟然没有意识到自己走进了机动车道。突然，一辆公共汽车驶来，伴随着一阵刺耳的刹车声，李芳圆倒在了血泊中并被迅速送往医院。

公共汽车的驾驶员孔尚道是一位年轻司机，因为没有预见到机动车道上会突然走进行人，所以与李芳圆发生碰撞。事故经交警队调查核实，孔尚道驾驶机动车未确保安全是造成此次事故发生的主要原因，行人李芳圆在机动车道内步行是造成此次事故发生的次要原因，最终认定孔尚道负主要责任，李芳圆负次要责任。

当李芳圆的父母从东北老家赶到北京时，女儿已经被送上了手术台抢救。两人在手术室外跺着脚焦急地等待着，李芳圆的母亲汤晓梅因伤心过度几次当场昏厥，父亲李宝庆也难掩自己的忧虑与悲伤，泪水不停地在眼眶里打转。听说女儿的左下肢被公共汽车严重碾压，他担心从小娇生惯养的女儿是否忍受得了身体的疼痛，她害怕女儿可能再也无法翩翩起舞了。更为严重的是，女儿至今尚未谈恋爱，工作也还没有着落，他无法预料这起突如其来的车祸将给女儿的生活带来多大的改变。

手术持续了近4个小时，大夫说李芳圆因伤势过重可能造成下半身瘫痪。第二天，在母亲持续不断地呼唤下，李芳圆终于微微地睁开眼，映入她眼帘的除了父母熟悉的身影，还有病床旁的输液设备，一种不祥的征兆涌上她的心头。她掀开被子，扫了一眼自己的下半身，看到左腿从大腿至脚踝处全裹着厚厚的白色纱布。她不敢相信这是自己的腿，简直没有勇气看第二眼，她尝试着伸展双腿，可是左下肢全然没了知觉。她突然感到天旋地转，不由自主地投入了母亲的怀抱，母女俩抱头痛哭起来："妈，我还等着面试通知呢！我那未写完的毕业论文怎么办？"

事故双方的伤痛

李芳圆住院期间，父母日夜轮流守候在病床前照顾。司机孔尚道和公交公司的领导也前来探望表示歉意，为李芳圆支付了部分医药费，并表态说愿意配合李芳圆治疗。

在李芳圆的父母看来，事情远不止单纯的治疗那么简单，事故给这个家庭带来的致命性创伤该如何去弥合？女儿的大好前程给耽误了，她的未来该如何保障？每每想到这些，母亲汤晓梅的怒火就涌上心头，她拉着司机孔尚道的衣襟质问道："你开车时咋就不多留意点儿呢？你要是早点儿踩刹车，我女儿不就没事了。”望着伤心欲绝的一家三口，孔尚道有些难为情，但也忍不住为自己辩解：“我也不希望事故发生，可我一直在机动车道正常行驶，也料不到你女儿会闯入机动车道……”

因为李芳圆的父母没能与公交公司达成赔偿协议，于是他们以李芳圆的名义，一纸诉状将孔尚道和车辆所属的公交公司以及对肇事车辆承保交强险的保险公司告上法庭，要求他们赔偿李芳圆医疗费、营养费、后续治疗费等各项损失共计130余万元。

法院正式开庭时，双方对已经发生的医疗费用均无异议，但是对原告方提出的30万元的精神损害赔偿费用，被告表示难以接受。公交公司表明了他们的难处：“我们也希望能给予你们更多的同情和帮助，可关键是你们的诉讼请求实在太不合理了，而且这个事故主要是你们违章造成的，责任不在我们司机小孔。小孔也是个老实孩子，刚结婚两三年，家庭条件本来就不好，现在因为这个事故公司一直就没让他上班，扣发了他所有的奖金，他的生活也特别困难。虽说他是职务行为，你们的部分损失由我们公司承担赔偿责任，可是按照我们公司的规定，公司最终是会让小孔承担一定比例的赔偿款的，还会对小孔进行处罚甚至开除。这个事故不光给你们造成了损失，给我们公司以及司机小孔也造成了无法挽回的损失呀！”孔尚道一直耷拉着脑袋，愁眉不展地望着地板。显然，这个突如其来的事故也给他的家庭带来了无法预料的难题。今后的生活该如何继续，他也没有头绪。

因为双方差距太大，没能调解解决，最终法院判决保险公司在交强险范围内赔偿李芳圆12万元，公交公司赔偿李芳圆已实际发生的各项损失共计40余万元（扣除公交公司事发后已垫付的20余万元医疗费，实际再赔偿李芳圆17万元），对李芳圆的后续治疗、康复等尚未发生的费用判决其可在实际发生后另行主张。（文/游晓飞 高庆）

宋鱼水评案：

我国法律已尽量考虑行人利益

交通事故并不因其是大学生、年轻貌美、等待美好的前程而为其网开一面。人虽有情，但道路无情。进入红线，一切已无法挽回。

作为一个发展中国家，解决交通文明并不简单，有些问题克服起来非常难。由于行人是弱者，行人违章发生交通事故受到很多人的同情。我国法律也尽量考虑行人的利益，在机动车与行人发生交通事故时更侧重于保护行人。然而，从行人的角度来看，现代交通生活尚未让行人率先进入交通文明。比如，即使是大学生，闯红灯、在交通道路上随意穿行也并非偶见。大学生如此，又有多少在马路上推销房产者、乞讨者任凭车辆穿梭而甘愿冒生命危险呢？所以，在为弱势的行人呐喊时，又出现了另一种声音：交通驾驶员和行人在遵守交通规则上是平等的，任何人不得违反。每个人只有管好自己，各自严格遵守交通规则，才能带来良好的交通秩序，最大限度地避免交通事故。

法律是一种博弈，责任认定的结果往往取决于各方利益的考量和尽量维护公平。情绪化下，无法制定理性的规则。对一个发展中国家而言，对国民的培养是最重要的。文明行走、文明驾驶都是我们需要努力做到的。当大家尽力追求文明的行为规范、相互包容时，才有可能最大限度地为对方着想。

李芳圆的案子给我们敲响了警钟：在现代的交通生活中，人们需要学习基本的行人常识，在道路上行走要有基本的安全意识，严禁违反交通规则，培养自己的交通责任和交通素质。当然，李芳圆不是故意违章的，出现这样天塌的事儿还要勇敢地面对。人生的路是曲折的，顺境中成长固然美丽，逆境中奋斗也是困难所需。唯有化悲痛为坚强，才会更好地走完一生。

司机孔尚道驾驶公交车为什么会发生这场交通事故？分析原因是多方面的，熟练的技术和全面的注意义务，只要有一点儿缺失就有可能导致危险后果。所以，孔尚道的教训还是应该吸取的，公交司机在训练有素方面是无止境的，社会需要更强的公交司机队伍。当然，孔尚道因此事故付出了代价。认真面对这种代价不是自暴自弃，而是直面人生。人们不能原谅的是过去不该发生的不幸，但总会原谅一个悔过自新的人。

No.16 两名“北漂”的意外相撞
——一起“事故现场难以复原”的车祸

朴实的农村妇女蒋凤华不曾幻想过自己会走出山村，去感受城市的繁华。一次偶然的机会，她有幸来到首都北京谋得一份工作，可一起车祸却让她遍体鳞伤。因为贫穷，她错失了最好的住院治疗期。最后，她只好带着伤痕累累的身躯和有限的赔偿款回到原本属于她的生活原点。

未能如愿的天安门之行

蒋凤华在陕北一个偏僻而荒凉的小山村生活了近半个世纪。她蜡黄色的脸上，皮肤有些皲裂，留下了一道道风沙吹打的痕迹；但她明亮的双眸，却始终流露出清澈的目光。2011 年春天，北京一家餐厅招聘服务员的消息传遍了整个村子，蒋凤华顺利地应聘上了餐厅的洗碗工职位，每月工资 1500 元，餐厅负责往返路费、包食宿。蒋凤华在负责招聘的老乡的带领下，生平第一次踏上了开往北京的列车。

抵达北京后，蒋凤华被安顿在一套 80 平方米的两居室宿舍内。小小的两间卧室，共摆放了 10 张上下铺的床。蒋凤华的床在靠窗的上铺，透过窗帘，看到的便是车水马龙的北三环。蒋凤华从宿舍步行至工作的餐厅只需 20 分钟。这段道路上，各种车辆穿梭往返。行走其中，她总是小心翼翼，严格遵守行人靠右的规则。

蒋凤华的工作是在餐厅的厨房洗碗，每天从早上10点工作到晚上10点，每个月轮休两天。尽管工作艰辛、生活不尽如人意，自己也无法真正融入城市生活，但是，能在首都开阔一下眼界，还能有一份收入，蒋凤华感到十分满足。她对城市里的一切都充满好奇，她最大的梦想便是游览北京天安门。可她既不识字，也不认路，身在北京，却不知天安门在哪个方向。

每逢节假日，餐厅的生意都异常火爆，也正是蒋凤华最繁忙的时候。忙完国庆节长假，她和同宿舍的另两名工友终于一起盼来了3天宝贵的休假时间。她们不约而同地提议结伴去天安门广场，并详细打听了公交路线。

第二天一早，三人一起迎着朝阳兴高采烈地走出小区大门，绕了近1公里的路程、通过人行天桥来到对面的公交车站。站台上挤满了焦急等待的乘客，有十几路公交车停靠，但通往天安门的仅有一路车。蒋凤华将目光瞄准了左手驶来的公交车，生怕错过。等了大约10分钟，公交车隐约映入了她的眼帘。蒋凤华和同伴迅速走下站台，紧随正在减速准备停靠的公交车。令人意想不到的是，一辆银色小轿车突然从侧面袭来，车头撞向了蒋凤华的肩部，将她当场撞得晕倒在地。在场的人都惊愕了，好心人立即拨打120急救电话。蒋凤华的两位同伴迅速把她扶起，小轿车司机黎波也急忙走下车，二话没说就将她送往医院急诊科。

难以为继的后续治疗

医院初步诊断蒋凤华为脑震荡、颧骨软组织损伤，建议住院治疗。黎波取出自己银行卡内仅有的6000元钱，替蒋凤华预交了住院费押金。黎波的老家在河北农村，父母年事已高，妻子无业，儿子正在上中学，一家老小全靠他在北京打零工为生。他所驾的小轿车是向朋友陆君借来的。

徘徊在医院门口，黎波紧锁着眉头，陷入了深深的悔恨之中。他十分清楚，陆君出于好意出借车辆，绝对是无辜的，自己无论如何都得承担起责任。想到此，他还是鼓起勇气拨通了陆君的电话。陆君安抚了他，告知他赶紧向交警报案。可是，等交警赶到事发现场时，事故现场已经难以还原，致使交警未能对事故责任进行认定。

蒋凤华的儿子张凯得知母亲发生车祸后一筹莫展。前几年，他积攒的钱全用来盖房子和结婚，而且家里还欠了好几万元的债。如今，妻子刚刚怀孕，母亲又不幸遭遇车祸，张凯觉得天都要塌下来了。尽管如此，张凯仍然想方设法找亲戚朋友借了5000 元钱赶到北京照顾母亲。

在儿子的照料下，蒋凤华的伤情逐渐好转，但昂贵的医疗费让母子俩百般为难。黎波所垫付的住院费一周便花费完毕。接着，蒋凤华母子俩东拼西凑续交了 8000 元，但远不足以用于治疗。蒋凤华只好联系黎波。黎波内心深处对蒋凤华充满同情，但他讲述了自己的难处：“我也想配合你治疗，四处求人借钱，但自从事故发生后，我简直借钱无门，我都不敢把此事告诉家人，不过听说车辆的保险公司应该理赔。”

第二天，黎波陪同张凯一起去找保险公司。保险公司垫付了 1 万元医疗费。蒋凤华住院的第 16 天，由于医药费用完，医院停止了用药。蒋凤华忍着肉体和精神的双重疼痛被迫办理了出院手续。医院的出院通知书上赫然写着一行字：建议继续康复治疗。蒋凤华出院后，张凯返回了老家，将母亲委托给了在北京工作的老乡郝敏。蒋凤华无法继续居住在集体宿舍，在郝敏的帮助下租住在一处平房。蒋凤华的伤处仍然隐隐作疼，恢复得十分缓慢。

经过了一个多月的痛苦煎熬，蒋凤华决定将司机黎波、车主陆君、车辆投保交强险的保险公司起诉至法院，要求赔偿医疗费、住院伙食补助费等各项损失共计 4 万余元。

法院经审理认为，黎波作为车辆驾驶人，虽将伤者蒋凤华送至医院，但未履行变动现场应当标明位置的义务。因此，对于蒋凤华超出交强险的损失，黎波应承担全部赔偿责任；车主陆君没有过错，因此不承担赔偿责任；保险公司在交强险范围内承担赔偿责任。最终，法院判决保险公司和黎波赔偿了蒋凤华合理的损失 2 万元；但她主张的其他费用因未提交充分有效的证据，没有支持。（文/李宏宇 高庆）

宋鱼水评案:

责任认定书是一切事故认定的基础

又一起车祸悲剧发生在蒋凤华和黎波身上。两个同为“北漂”的外地务工人员在偌大的北京意外相撞,虽然事故原因有责任之分,但事发后黎波第一时间迅速地将蒋凤华送往医院,并先垫付了一部分医药费。从如此质朴的感情出发,我们还是应该认同他们,不要给予太多的责怪。

作为驾驶人,黎波承担了全部赔偿责任,其主要原因是在事故发生后,他没能正确处理。正常情况下交通事故的处理方式应是怎样的呢?任何一起交通事故案件处理起来都要依赖交通部门作出的事故责任认定书。具体到本案,是行人蒋凤华的责任还是司机黎波的责任,须由赶赴现场的交警勘验后方能作出判断分析。显然,伤者蒋凤华已经没有能力去报警和保护现场。但黎波作为驾驶者,竟然也没有这样的常识,事故发生后未报警,抢救伤者时也未标明现场位置。其实,这一常识黎波在学车时是应该掌握的。可是发生事故后,他放任这样的后果发生,就意味着事后他应为该后果承担责任。

本案的难点在于,事故虽然不是特别严重,但对蒋凤华和黎波来说,都已经超出其经济负担能力。在这种情况下,就出现了被激化的矛盾和无奈的结局。从法律制度设计而言,交通事故案件引入了保险制度和救助制度,试图用保险和救助的方式来最大可能地分担风险。但就目前情况而言,这些制度还处在建设或完善阶段,有的申请时不符合条件,有的符合条件也满足不了受害人的需求。此外,制度本身的落实也会存在很多需要攻克的难点。但总的来说,随着交通事故后果的发生和解决问题能力的加强,人们会最大可能地推动问题的理想解决。

蒋凤华的悲剧告诉我们,除了小心注意安全,还需要具备城市生活常识,特别是交通生活常识。北京人多，车辆也多，等车处大公共、小公共、小轿车，说不定哪辆车就出现意外险情，需要严格遵守交通规则，还需要特别观察基本交通生活常识，最大可能地避免事故发生。

同时，也要警示车辆驾驶人，一定要谨慎驾驶，并且要有充分的思想准备应对交通事故。一旦发生交通事故，车辆驾驶人应当立即停车，保护现场，并迅速报告执勤的交通警察或者公安机关交通管理部门。因抢救受伤人员变动现场的，应当标明位置。否则，就要像黎波这样，要承担伤者超出交强险的全部损失。

No.17 改装车与超载车的致命相撞

——一起致后车司机死亡的“追尾”事故

改装车遭遇超载车

2011年年初,北京好运顺通货运公司购买了一批轻型货车。公司为了多拉货,私自将车厢后面安装了大箱板。改装车并没有引起货运司机陈明等人的不满,因为司机们是雇员,只管照着派送单送货就好,从来不打听公司的事儿。

就在好运顺通货运公司购置新车的同时,住在北京郊县的农民李跃也贷款买了一辆重型货车,证照齐全。种地之余,李跃就跑运输,驾车超载和违反五环路禁行是他常干的事,为的是省油少跑路。

2011年8月10日早上不到7点,陈明驾驶一辆改装的轻型货车载货沿着西五环路向南驶去,开始一天的工作。

在陈明前面行驶的正是李跃驾驶的重型货车。李跃一边开车一边哼着小曲儿,心里还盘算着这趟超载活儿的利润。这时,前方道路上出现一个大上坡,李跃驾驶的重型货车因货物太重,实在是无力保持原速。尽管李跃使劲踩油门,但重型货车还是猛地“咯噔”一下降速行驶。这下可坑苦了紧随其后驾驶轻型货车的陈明。本来陈明见上坡就习惯性地加大油门往上冲,谁想前面的重型货车却在减速。“咣”的一声巨响,轻型货车的车头追上重型货车的车尾。重型货车遇情况本能地在刹车制动,但因为超载，致使车爬坡向上时在重力的作用下向后溜了一大段路，再一次狠狠地挤压在轻型货车的车头上，使轻型货车的驾驶室彻底变形，陈明的身体也随之变了形。就这样，不到而立之年的陈明瞬间离开了人世。

这起交通事故，注定要改变一些人的生活。

陈明一家三口来京两年多，一直靠打工维持生活。远在内蒙古老家的父母得知失子的噩耗，痛不欲生。北京的一切后事都由儿媳操办。

事发当天，陈明的妻子张晓惠抱着刚满周岁的女儿被叫到了交通队的办公室，她两眼泪汪汪的，直呆呆地发愣，脑海中的画面定格在丈夫一早离家时的背影，耳边依稀传来丈夫熟悉的声音，与亲人永别之痛无以言表。“俺们母女俩在北京举目无亲，往后的日子可咋过呀？活生生的人就这么没了！”张晓惠哭着说。

好运顺通货运公司的王老板闻讯后也匆匆赶到交通队。自己的员工搭上命，自家的货车受了损，还要赔重型货车的损失，王老板用手抹了一下额头上的冷汗，心里犯嘀咕：“我那改装的车违章追尾，我这小老板也要养家糊口，家里十几号员工等着我发工资、十几辆车等着保养，心急呀……”王老板越想越不是滋味。

此时，李跃的心中同样像打翻了五味瓶一样。他本是个高大的硬汉子，开车惹出人命，不知要赔多少钱，更不知会不会坐牢，身子蜷缩成一团蹲在交通队办公室的角落，心里冷飕飕的。“我家的车超载，又违法走五环路，罚款处罚当然不用说了，单说赔死者家属的钱，就算我卖房卖地也不够啊，干脆不如去坐牢算了。”李跃咬了咬牙说。

车祸责任共担

最终，交通队认定事故责任，陈明、李跃各负事故的同等责任。此时，各方当事人的利益都显现出来。死者亲属的权利，死亡赔偿金、丧葬费、精神损害抚慰金等；好运顺通货运公司的权利，轻型货车受损费用，雇员的损失；李跃的权利，重型货车受损费用，货物的损失。两辆货车都投保了“交强险”，保险公司的意见倒是一致，要求死者亲属尽快诉讼,才能理赔。

一起交通事故,解决起来的确错综复杂。究其原因,在于涉及的人多、车多、保险公司多,各方当事人在赔偿顺序、赔偿标准方面无章可循,更谈不上达成合意调解。就这样扯来扯去,随着时间的推移,一场诉讼的发生再所难免。

陈明的亲属将李跃和重型货车投保"交强险"所在的蓝天保险公司诉到法院,要求赔偿各项损失33万余元。李跃提出重型货车受损要求赔偿近万元,还提到轻型货车被改装的问题。

法院为了分清民事责任,便于理赔,依法追加好运顺通货运公司和轻型货车投保"交强险"所在的白云保险公司为被告。好运顺通货运公司对于轻型货车的损失万余元也提出诉求。除了蓝天、白云两家保险公司只有按照"交强险"责任限额赔偿的份儿以外,其他当事人在案件中既是权利人又是义务人,原告与被告互相赔偿交织起来,权利与义务又交错在一起。

法院最终采信交通队出具的事故认定书之证据,并在此基础上认定李跃因驾驶重型货车超载、违反禁行的原因负50%的民事责任;陈明因驾驶轻型货车与前车未保持足以采取紧急制动措施的安全距离的原因负30%的民事责任;好运顺通货运公司因改装轻型货车的原因负20%的民事责任。

改装车可以撤换改回原貌,但超载、违反禁行、追尾不享有撤销权,改变的生活更不能复原重现。(文/韩毅强)

宋鱼水评案:

"司机抵制改装"与"禁绝大货车超载"

作为年轻人的陈明开车是为了谋生,举家来京显然是向往更美好的都市生活。然而,一家人的幸福却因一场车祸彻底毁灭了,陈明的生命也由此画上了句号。

一场交通事故如此惨重,我们需要思考的是为什么会造成这样的事故?能否最大限度地避免这样的事故?

先说陈明该不该选择一辆改装车。陈明受雇的老板出于个人和企业利益的考虑擅自改装车辆,在车厢后面安装了大箱板,这种改装从外观上看是显而易见的,陈明不存在不知晓的问题。陈明作为一位专业司机该不该接受这样一辆车进行驾驶呢?答案是否定的。理由是法律有明确禁止条款。《道路运输条例》第31条规定:"客运经营者、货运经营者应当加强车辆的维护和检测,确保车辆符合国家规定的技术标准;不得使用报废的、擅自改装的和其他不符合国家规定的车辆从事道路运输经营。"虽然我们视像陈明这样的农民为弱势群体,并对其深表同情,但是,我们不能回避的问题是,陈明是专职司机,专职司机在其职业工作中并不弱势,而是受过职业训练的专业人员。作为专业人员的陈明,对各种驾驶知识、法律法规必须学习、必须遵守。《道路交通安全法实施条例》第20条规定:"学习机动车驾驶,应当先学习道路交通安全法律、法规和相关知识,考试合格后,再学习机动车驾驶技能。"因此,陈明应该拒绝开改装的车。否则,就有生命危险。广大的司机朋友们应该从这些惨痛的交通案例中深刻地认识这种危险,共同抵抗不合法的改装行为,确保司机的生命权高于自身和企业的利益。

再说重型货车超载的问题。李跃驾驶的重型货车超载非常严重,这是目前重型货车的通病。重型货车承载城乡流动的物流业务,要解决超载问题,需要系统地研究和整体地规划。当超载现象不能彻底根治时,我建议对重型货车司机进行定期培训,让其具备保护他人生命安全的熟练职业技能;同时,超载应从企业抓起,将在公路上抓超载延伸到让超载车上不了路。假如超载是为了满足物流需求,还需要进行深入的调查分析,以尽可能的办法打造合理合规的现代物流,解决带给人们痛苦的大货车超载难题。

No.18 高龄孕妇遭飞来横祸

——逆行三轮车酿成的交通悲剧

对于时年32岁的张雅来说，最大的幸福来自她腹中正在孕育的小生命。她精心地呵护着这个小生命，热切地期待着孩子的到来。然而，一起交通事故却让这幸福戛然而止。

被车祸扼杀的小生命

张雅和丈夫吴明彦既是老乡，也是大学同学。硕士研究生毕业后，他们均留在北京工作，张雅在一家事业单位做会计，吴明彦在一家建筑公司担任设计师。之后，两人在租来的房子里结婚，组成了温馨的小家庭。由于双方都处于事业的上升期，物质基础较为薄弱，他们决定推迟几年再要孩子。

2011年，经过4年的打拼，已经是而立之年的小两口事业上均有较大起色，还攒足了首付款购买了一套小户型的两居室。房子和事业都稳定了，要孩子的事情也被他们提上了日程。为了确保孩子的健康，两人都去医院做了孕前检查，按照医生的嘱托制定了严格的健身和饮食计划。入秋后，他们终于盼来了爱情的结晶，张雅顺利地怀孕了。

当他们把这个好消息告诉双方的父母时，电话那头传来了四位老人难以抑制的喜悦。婆婆从老家给张雅邮寄了各种土特产，母亲张罗着给未来的婴儿编织各种小衣服。小宝贝在腹中慢慢成长，张雅时刻感受着小宝贝成长的欣喜。吴明彦经常贴近妻子的肚子与小宝贝进行愉快的对话。这个未出生的小生命成为全家人的生活重心。可是，当胎儿长到24周时，一起突如其来的交通事故如暴风雨般降临这个家庭，完全改变了他们的幸福生活轨迹，留下了挥之不去的阴影。

一个周六的上午，恰逢吴明彦去单位加班，张雅独自在小区散步半小时后，便去附近的超市购买了少许日用品。张雅拎着购物袋，小心翼翼地从超市出来，步履蹒跚地走在回家的路上。突然，一辆三轮车迎面而来。刹那间，张雅大脑一片空白，压根儿来不及躲闪，三轮车的右前部撞向了张雅的腹部，她当场昏厥，鲜血从腿间流出。紧接着，周围的好心人拨打了120，并报了警。交警赶往现场后，当场作出事故认定，因三轮车驾驶者老黄超速逆行，应对此次事故负全部责任。老黄二话没说就陪同张雅去了医院。

正在单位赶制设计图的吴明彦得知妻子出车祸后，丢下手中的工作迅速赶往医院。他到达医院时，张雅已经结束了各种检查，逐渐清醒过来，她的伤情不太严重，但胎儿却保不住了：胎心停止跳动，需要立即进行人流手术。医生用非常低沉而坚定的语气把诊断结果告诉了吴明彦，这一残酷的事实如晴天霹雳般击中了这位外表坚强的汉子。他不敢相信自己的耳朵。

亲眼目睹吴明彦的悲伤和痛苦，得知自己无情地扼杀了一个尚未出世的小生命，老黄陷入了懊悔和自责。他向吴明彦深深地鞠了个躬，连连道"对不起，对不起"。可这丝毫治愈不了吴明彦内心的伤痛。吴明彦用憎恶的眼神瞪着老黄："你为什么骑车不讲交通规则，连孕妇都敢撞？我媳妇可是高龄产妇，你拿什么来弥补我们全家？""对不起，我也不是故意的……"此刻，老黄宁愿接受任何责骂，也同意给予赔偿，但他全部的收入都已经寄回家给孩子上学、给老人看病了，任何赔偿数目对他来说都是天文数字。

难以弥补的精神创伤

张雅从手术台上下来，才意识到腹中的胎儿已经提前夭折。顷刻间，她的精神濒临崩溃的边缘，甚至在睡梦中都深切地呼唤着自己的孩子。此次手术极大地伤害了张雅的身体。但唯一值得庆幸的是，医生说如果身体和精神调养得好，仍存在再次怀孕的可能性。吴明彦不得不克制自己的悲痛，安抚妻子的情绪。家里的老人得知孩子流产的消息，整日食不知味、夜不能寐。婆婆因伤心过度心脏病发作，住进了医院；张雅的母亲带着失落的心情特意从老家来北京照顾女儿。

从得知怀孕的那天开始，张雅和吴明彦就十分谨慎。可他们万万没有料到，意外就这么突然而至，而且由一名素不相识的人引起。吴明彦多次找老黄协商赔偿事宜，老黄均表示愿意赔偿。但他确实没有赔偿能力，他答应尝试着去找亲朋好友借。

老黄没有说谎，他确实没钱。2011 年年初他刚从河南老家来京，每天都骑着三轮车不停地穿梭于这个偌大的城市，每天清晨在路边卖早点，卖完便急匆匆地赶往各个业主家维修水管或进行房屋保洁。尽管来京不久，但他知道不得逆行、不得超速，只不过存着侥幸心理，不愿耽误时间绕过一大圈去马路对面。只因把时间看得太宝贵，一分一秒都决定着他的收入，用于维持全家六口人的生计。可令他万万没有想到的是，这次小疏忽却酿成了大悲剧。

张雅和吴明彦也能体谅老黄的困难，可他们自己财产上和精神上的损失也急需得到弥补。于是，张雅将老黄起诉至法院，要求赔偿医疗费、营养费、住院伙食补助费、误工费、护理费共 1 万多元、精神损害抚慰金 10 万元。

庭审中，双方对事实和责任认定均无异议，主要围绕精神损害赔偿抚慰金的数额产生争议。法院经审理认为，因此次交通事故导致张雅流产，张雅作为一名希望成为母亲且已孕育了生命的女性，流产对其心理和精神必定造成创伤和痛苦，故酌情判定老黄赔偿张雅精神损害抚慰金 3 万元、其他合理损失 1.3 万元。

张雅虽然赢得了官司，但却不可逆转地丧失了自己的骨肉，判决书只不过是给她和家人的一个小小慰藉;而对老黄来说,无论他即将面临何种困难,都得为自己不遵守交通规则的行为付出代价。(文/孔京朝 高庆)

宋鱼水评案:

农民工酿交通悲剧并非个案

这起交通事故的导火索是老黄驾驶三轮车超速、逆行,他怀着侥幸的心理自认为不会有问题。然而,当事故真的发生时,原先的侥幸变成了自身的软弱。此时的他,无论从经济能力和家庭负担看,都是一个被照顾的弱势群体。

我们往往对像老黄这样到城里打工的农民工怀有极强的同情心,一听到他一天忙碌两份工作,再听到他一家老小六口人还要靠他养活,估计人人都知道,他的口袋里是挤不出钱来了。于是,一起普通的交通事故原本是老黄作被告的问题,很可能转化为农民工如何受到同情的问题。在这个问题上,我想表达的立场是,越是像老黄这样的人越应该了解交通知识,感受城市文明;而不是成为交通事故的肇事者。

到城市工作这么多年,我最不愿听到也最容易听到的是,要么农民工自身被伤害了,要么农民工由于各种各样的专业知识的缺乏、生存能力的有限出了问题,甚至犯了法。究其原因,农民工缺少文化知识,更缺少现代文明的熏陶。他们虽然到了城市,但与这个城市的文明同步还有相当大的距离。现代交通文化、交通文明、交通法规是他们知识缺失的一部分,也是他们在城市生活中缺少系统教育而极易出问题、出了问题又极其脆弱的根源之一,值得全社会高度重视并有组织地予以系统解决。

假若农民工进城之前受过基本的培训,尽量避免交通事故的发生,老黄就不会为自己的行为背负沉重的十字架。为了让其他农民工们不再步老黄的后尘,我们还要清醒地认识到现代交通对老黄们的要求非常高。即使国家的教育覆盖到老黄这样的农民工群体,甚至国家和社会各个方面的救助也会伸出援手,但遵守交通规则还需要

“老黄们”自己去努力。

对于事故的受害方吴明彦和张雅来说,失去孩子的痛苦有可能一生都难以平复。尤其小两口已经大龄,生个孩子越来越不容易。事故既然已经发生了,过去的痛苦还是要努力翻过,面向未来时必须有一个好心态;否则,难以开启新的生活。

最后,我更想提醒读者,当我们在大街上行走,无论是大路还是小路,都要格外小心。尤其是孕妇,要有一些防范知识,见到危险者要注意避让。

No.19 幼儿命丧小区停车场
——一起发生在小区里的交通事故

年仅3岁的宝贝孙子在车轮下殒命,对年逾古稀的张奶奶而言,就像剜去自己的心头肉。更让老人难以接受的是,正是自己的一时疏忽,酿成了这一出人生悲剧,也带给全家人无尽的伤痛。

3岁男童命丧车轮之下

张奶奶退休赋闲在家多年,强烈地渴望能早日抱上孙子享受含饴弄孙的天伦之乐。可是,儿子根生、儿媳文秀虽已年过三十,但一直奔波于事业,无暇生育孩子。2008年,文秀的事业总算上了一个台阶,开始酝酿"生子计划"。夫妻俩为了追求优生优育,在怀孕准备阶段投入了大量的时间、精力和金钱。第二年,在全家人的翘首企盼中,文秀顺利生下一个男孩,起名小雨。

小雨出生三个月后,文秀便重新投入工作中,将儿子留给了张奶奶。此后的日子里,小雨的日常饮食起居基本都由张奶奶照料。在张奶奶的精心呵护下,小雨逐渐从襁褓中的婴儿成长为一个活泼好动、聪明伶俐的小男孩。文秀夫妻每天回家逗着儿子玩,工作的压力和烦恼全都烟消云散。可是,谁也没有料到,这样的温馨幸福生活会被一起突如其来的交通事故彻底摧毁。

2011 年夏季的一天午后，张奶奶像往常一样带着小雨在小区楼下散步玩耍。小雨踢着皮球在前边跑，张奶奶弯着腰，双臂张开，寸步不离地护在孙子身后。绕着楼下的草坪跑了几圈后，张奶奶累得气喘吁吁，脚步也渐渐慢了下来，频频喊着让小雨停下来。小雨玩性正浓，嘻笑着追着皮球越跑越远。

草坪旁边是小区的临时停车场，大小车辆停得满满当当。一辆捷达车启动后正缓缓驶出，司机陈远觉察出车右后部咯噔一声响，后视镜里却什么都看不到。陈远觉得蹊跷，赶紧下车查看，却被眼前的一幕惊得目瞪口呆：一个小小的身子斜躺在车轮后，鲜血在身下蔓延开……张奶奶颤颤巍巍、一步一挪地从远处走来，满地鲜红的血，孙子惨白的小脸儿，眼前的一切让老人惊呆了：刚才还活蹦乱跳的小生命瞬间变得奄奄一息。她迅速抱起倒在血泊中的小雨，大声喊道："快救我的孙子！"

周围的好心人立即拨打了急救和报警电话，张奶奶跟随 120 急救车将仅有微弱呼吸的小雨送往了医院的重症监护室抢救。张奶奶万万没有料到从未离开自己视线的小雨竟然在自己眼皮底下被车撞了，悔恨的泪水顺着她布满皱纹的脸庞哗哗地往下流。她拽着医生的胳膊央求道："大夫，求求你们，救救我的孙子。"

根生和文秀闻讯赶到医院时，小雨仍在死亡线上苦苦地挣扎，文秀伤心欲绝地呼唤着儿子的乳名，根生十分不解地问道："孩子在家好好的，怎么会被车撞到呢？""都怨我，我没有看管好小雨。"张奶奶带着哭腔开始拍打自己的脑袋。全家人像丢了魂似的徘徊在医院的走廊上。抢救持续了约三个小时，可大家等来的却是医院的死亡通知书，小雨最终因颅脑损伤不治而亡。张奶奶和文秀抚摸着小雨冰冷的尸体号啕大哭，根生凝重的脸色难掩内心的悲痛。

法院判决责任共担

公安交管部门经过现场勘验、询问当事人及目击证人、尸体检验等程序，对此次事故进行认定：双方当事人均无导致交通事故的过错，属于交通意外事故。该事故认定结果对本已十分凄凉的小雨家可谓是雪上加霜。在司机陈远看来，虽然未认定自己负事故责任,但他内心还是充满了愧疚。

在新婚妻子的陪伴下,陈远鼓起勇气登门慰问。张奶奶从门眼中望见陈远的身影,憎恶之情油然而生,永远也无法忘却小雨正是从眼前这个人的车轮下丧命的事实。陈远诚恳地表达了来意,根生勉强开门迎客。陈远诚心实意地道歉:“孩子的确太可怜,谁都不愿意这样的意外发生,但我当时真没有发现孩子,否则……”文秀开始厉声斥责:“意外? 意外你就能推卸责任吗?”陈远的妻子补充道:“其实,我们十分同情你们,也考虑过给你们家适当的补偿;但我们夫妻俩也刚结婚买房、买车,还欠着银行大笔贷款,经济上比较拮据。何况,事故也给陈远留下了心理阴影,他看到孩子就有畏惧感,我们原本近期要孩子的计划也推迟了。”双方都各自地诉说着自己的苦衷,未能协商出满意的结果。

为了“给孩子讨个说法”,根生与文秀将陈远以及其车辆投保“交强险”的保险公司诉至法院,要求双方赔偿死亡赔偿金、丧葬费、精神损害抚慰金等各项损失共计70余万元。

开庭时,面对原告席上那一对痛失幼子、伤心欲绝的父母,面对拖着虚弱不堪的身体坚持来旁听庭审的张奶奶,陈远一次又一次地表达歉意。但是,他坚决不同意承担赔偿责任:“我对事故的发生不存在过错,我启动车后,还特意看了四周,确认没有问题才离开停车区域。孩子从侧面突然跑出来,个头矮小,我从后视镜里根本看不到。”

法院经审理认为,保险公司应先在交强险限额内承担赔偿责任。陈远在居民区的机动车、行人混行的特殊道路驾驶,未能尽到足够的注意义务,存在一定过错。小雨系3岁幼童,属于无行为能力人,其家人未能履行监护义务,亦存在一定过错。故判决双方分担损失,共同承担责任。

案子结了,赔偿款给了,可一个幼小的生命却永远消失了。如何避免这样的悲剧重演,如何让孩子远离交通事故、健康成长,愿全天下的父母深思。(文/高庆 王肖)

宋鱼水评案:

学会避免生活小区的交通风险

在这起车祸中,根据交管部门的认定,陈远不承担责任。而法院最终确认的是陈远仍要承担一定的过错责任。显然,法院基于事故结果的妥善处理,法、理、情方面的责任分析更综合一些。法院判定的理由是:在居民区的机动车、行人混行的特殊道路驾驶,驾驶员应有更高的注意义务。所以,仍然判定驾驶员存在一定过错,承担部分赔偿责任。另一部分责任由小雨的家人负责。理由是,小雨属于未成年人,其家人未尽到监护职责。根据法院的判决,实际上该起事故法院采取分担原则,判定小雨的监护人和肇事司机共同分担责任。

事故发生后,陈远鼓起勇气到小雨家慰问。从陈远的表现不难看出,陈远在这起事故中是有负疚感的,这种负疚感与其是否承担责任无关。陈远无论如何也不愿意接受"其亲手驾驶的车辆让一个3岁的生命消失"的事实,而这又是在自己觉得很小心的情况下。

小雨只有3岁,这个年龄正处在随意跑跑跳跳的阶段,老人追着、赶着,在嬉戏中守护孩子的成长。如果没有车辆,这种玩耍是童年当中最美好的一段成长经历。但现代生活将这种原始的童真蒙上了很多恐惧和恐慌,寸土寸金的小区里,哪里是孩子的乐园?已经气喘吁吁的老人何过之有?但事实是如此残酷,在小区充满车辆危险的情况下,注意义务是义不容辞的。看看小雨的案件,这样的后果无法承担?所以,我们更多的不是责怪小雨的奶奶及其家人,而是在这样的事故中增加一份照顾孩子的经验,避免类似情况的发生。

人会为后果背负沉重的十字架。小雨家人的追悔也好,陈远的自责也罢,相信他们今后的人生都难以摆脱这起事故的阴影。我觉得在事故处理完毕之后,陈远还要对生命有积极的感悟,依旧要继续设计自己的人生。小雨的父母、年长的长辈们,也要继续有迎接新的生命的勇气——再要一个孩子或者领养一个。他们虽然都不是小雨，但人类需要摆脱痛苦，让生命重新恢复生的意义。

在此，我更想呼吁的是，现代交通生活不仅在宽广的公路上，而且延伸到我们生活的小区。作为小区的居民，无论是老人还是年轻人，无论是驾驶员还是一直坚持绿色环保的步行者，都要积极了解交通知识和交通后果，使小区的车辆在规范有序的小区里安全出行，使小区的居民日常的小区活动在安全中祥和快乐。有条件的小区，为孩子们创建一片封闭的乐园，孩子们需要在安全保护中享受自然行走的快乐！

No.20

“新手”试驾意外致残后
——一起发生在“试驾”中的交通事故

追尾试驾车

时年已过30岁的邱红怎么也没想到，一场车祸几乎夺走了她的一切。

原本，邱红认为自己与开车无缘。2002年大学毕业时，同学们都在参加工作之前考取了驾照，邱红却自嘲是“马路杀手”和“路痴”，没有加入“考驾大军”。三年后，邱红和丈夫陆明结了婚，生了宝贝儿子小虎。丈夫陆明的车技颇佳，成了家里的兼职司机，为此，邱红更是不考虑考驾照的事了。

转眼到了2011年，眼看儿子小虎到了上学的年龄，邱红计划让儿子到距离家约10公里的小学就读。此时，陆明在一家外企工作，经常加班、出差。这样一来，接送儿子上下学的重担就落在了邱红身上。

为了方便接送儿子上下学，邱红准备自己购置一辆轿车。从2011年年初起，邱红就在北京市海淀区某驾校报了个周末班学车。经过近半年的训练，最终经过各项考核，邱红顺利地拿到了驾驶证。经历了摇号的等待，邱红竟然成了第一批摇中号的幸运者。接下来，邱红开始张罗着买车事宜。她在网上看到销售自己中意车辆的4S店正在推出免费试乘试驾活动，即让顾客在其工作人员的陪同下驾驶同款拟购车辆提前体验车辆的性能。邱红立即联系4S店预约了试驾时间。

邱红在4S店相中了一辆售价约20万元的轿车,她当即要求亲自上车体验一把。销售人员仔细审查了邱红的驾照,确保其具有驾驶资质后,还向其详细介绍车辆性能和使用方法。之后,4S店安排了专门的工作人员陪同,邱红如愿以偿地开着新车上路。陪驾人员对邱红进行全程技术指导,让初次正式上路的邱红感到十分踏实。

尽管邱红驾驶新车时一直小心翼翼,车速也放得很慢,但意外还是发生了。就在邱红开离4S店约3公里处,她被紧随其后的轿车追尾了,邱红所驾车辆尾部被撞损。在惯性的作用力下,邱红头颈部几乎不能动弹;而陪驾的工作人员只是受了惊吓,基本未受伤。陪驾人员迅速将邱红送往医院。警察对事故责任作出认定,追尾轿车的驾驶者马琦对此次事故负全部责任。

经医院诊断,邱红颈椎骨折,进行了手术治疗。陆明和儿子赶到医院陪她。邱红抚摸着儿子的头用虚弱的声音说:“儿子,妈妈伤成这样,没法儿开车送你上学了,你该怎么办……”小虎坚定地回答他:“妈妈,我可以自己上学,只希望你早点儿好起来。”丈夫陆明也安慰道:“没关系的,还有我呢。”

4S店免责

邱红把此次事故归咎于4S店,如果4S店不诱导她参加试驾活动,事故完全可以避免。4S店在推出试驾活动方案时,已经预计到了可能发生交通事故的后果,他们采取了一切可能的措施,尽量避免意外的发生。

出事后,4S店的工作人员专程带着营养品前往医院看望邱红。邱红把矛头指向了4S店,她不停地哭诉道:“你们为了促销,推出这么个活动,可把我害惨了,我将来可怎么办?”工作人员向邱红解释道:“我们也不希望事故发生,而且我们提供的车辆是经过质量检验的,还给你安排了陪驾,我们能做的也不过如此。再说,交警已经对事故作出了认定,责任在于第三方马琦。我们的车辆受损了,还得找他赔偿呢。”

出院后,邱红进行了伤残鉴定,达到九级伤残。丈夫陆明帮助邱红拨通了马琦的电话。马琦的态度比较消极:“我的车买了保险,你们去找保险公司吧。”这令邱红十分寒心。原来,事发时马琦是开着单位的车在为单位送货。虽然单位对外同意承担赔偿责任,但在单位内部对马琦也进行了处罚,扣发了他的全年奖金。

邱红在找4S店和马琦多次协商未果后,将4S店、马琦、马琦单位和单位车辆投保交强险的保险公司一并起诉至法院,要求其赔偿医疗费、误工费等各项费用共计24万余元。

法院经审理认为,邱红为在4S店购买车辆而参与试驾,与4S店存在缔约和磋商的关系,4S店应对邱红的人身和财产安全尽到合理的保障义务。但因交通事故具有偶发性,4S店无法预测交通事故的发生与否,也无法控制其他道路参与者的不当行为,且已经尽到了审查驾照、合理提示、提供符合安全标准的车辆等基本保障义务,故驳回了邱红要求4S店承担赔偿责任的请求。本次事故的责任人为第三人马琦。马琦发生事故时是在为单位履行职务行为,因此,对于邱红的合理损失,应该由马琦所在单位和保险公司承担赔偿责任。(文/高庆)

宋鱼水评案:

心灵创伤的医治需肇事者和受害者沟通

从一个家庭的角度总结这起事故的教训,邱红因为购车心切,在其没有熟练掌握驾驶技能的情况下作出了不谨慎的选择。熟练驾车的人没有去看车、试车,不熟练的人却看了车、试了车,这确实是一种危险的选择。假如事故发生在购车之后,假如孩子在车上,那后果更是不堪设想!没有娴熟的技能,做任何事情都有可能发生可怕的后果。

也许有人认为,这起交通事故与邱红是生手无关,因为事故的责任全部由马琦负责。但笔者要强调的是,如果邱红不是一名生手,她对后面车辆的防范也许更容易一些,甚至能躲过这场横祸。有些情况下,生手开车,后面的人容易起急,这也是造成交通事故易发的心理原因。

事故发生后,法院并未判决4S店承担法律责任。笔者认为,4S店是否该承担法律责任留待大家继续研讨,但4S店推出顾客上路运营的体验模式还需要完善制度和总结教训。4S店的法律核准范围是售车,可以说售车对4S店来说是其专营业务;而带顾客上路运营则超出了它的经营范围。路况、险情、措施都是保障顾客安全的防范体系的重要内容。即便4S店不承担法律责任,企业的信誉也会因此而受到影响。所以,4S店要以顾客利益为重,应多为顾客着想,而不是简单地考虑推销自己的车辆。经营者在其难以具备险情防范的情况下,带给顾客安全是经营者重要的经营理念。值得一提的是,新司机一般驾驶水平不高,完全靠司机自身避免风险,在我国这样一个人口众多、路况还有待大幅度改善的情况下很难实现。这就需要经营者要多为消费者考虑风险,尽到各种提醒服务,构建汽车领域的经营者和消费者之间的和谐关系。

马琦是肇事者,无论其出于什么原因,肇事者都造成了一定后果,甚至是严重的后果。本案中的马琦事后却很"牛",似乎认为保险公司的事后补救能够抹平其肇事的后果。因而,肇事没有成为其内心的一份愧疚。这样的一种逻辑在公民道德层面是不可接受的。保险公司能够代替其偿付经济责任,但这只是一种法律制度上的弥补,心灵的创伤与补救需要肇事者和受害者彼此的沟通。交通事故虽是一种大不幸,但绝大多数肇事者是不愿发生这种不幸的。所以,肇事者和受害者如果需要减轻痛苦,应该有勇气化解难以弥补的伤痕,通过情感和经济的多种方式达到融通的结果,使得人与人之间虽然有不幸,但痛苦会降至最小,使感情成为解决问题的力量。

总之,每一起事故都一次深刻的教训。避免更多的灾难,需要全社会共同的努力。

No.21

博士命丧高速路
——长途司机疲劳驾驶酿出的“命案”

38 岁的马万超出生于东北一个偏远的山村，父母含辛茹苦将他培养成为村里唯一的博士。然而，作为整个家庭顶梁柱的他，却被一场无情的车祸夺去了生命，留给父母和妻女无尽的伤痛。

高速路上致命的撞击

马万超出身贫寒，父亲马学强、母亲王秀菊都是地地道道的农民。马万超是家里的长子，从小就承担起了干农活的责任。尽管生活艰辛，但马万超的学习成绩一直十分优异。他儿时最大的梦想便是考上大学，走出山村。高考那年，马万超顺利考入本省的重点大学。后来，怀着对学术的向往之情，他继续深造至北京的某著名科研院所，并最终在 2005 年获得该科研院所的博士学位，毕业后在一家大型国有设计院谋得理想的工作。

工作后的马万超组建了自己的家庭，并在北京购置了房产和车辆。2010 年，他和妻子姚茜的爱情结晶——女儿马婕降生。事业和家庭的双重收获使马万超更加懂得要对父母感恩。2012 年年初，马万超得知母亲王秀菊经常头晕，决定接母亲来北京检查。他选择了一个周末，独自驾车沿着京沈高速开往家乡熟悉的道路，没想到这次驾车出行的结果是马万超一去不复返。

马万超驾车稳健地行使在高速路上。紧随其后的是一辆载满各种电子产品的中型货车，司机胡强是在北京和沈阳两地从事电子产品运输的个体户，主要负责运送从北京发往沈阳的电子产品。为了最大限度地增强货车的使用频率，胡强仅在北京停留几小时，货装好后便立刻启程。

当胡强所驾驶的货车行至高速路约 220 米处时，突然失去控制，从后部猛烈地撞上了马万超的轿车。马万超的车来不及躲闪，直接撞在了道路右侧的护栏内，车辆严重受损变形，马万超的头部、胸部受到严重创伤。而货车的前挡风玻璃几乎全部被撞碎，胡强和坐在副驾驶位子上的姜科手上和脸上鲜血直流。

姚茜闻讯赶到医院时，马万超已经因颅脑伤势过重停止了呼吸。胡强、姜科则分别进行手术治疗，勉强保住了生命。姚茜紧紧握住丈夫冰冷的手，无论如何也接受不了这个残酷的事实，那个约好要和自己携手走一生的人竟然就这么悄然地离去了。

此时此刻，马学强和王秀菊正在村头盼着儿子归来。儿子清晨动身前告诉他们下午 4 点多能赶到家，可等到 6 点了依然没有消息。王秀菊几次拿起家里的电话拨打儿子的手机，都处于无法接通的状态。直到晚上 7 点，马学强接到儿媳姚茜的电话，她在电话那头哽咽地说："爸，万超出了点儿意外，你和妈立即赶来北京吧……"说到此，便挂断了电话，她实在不忍心将这个噩耗告诉两位老人。

当两位老人赶到北京得知儿子已经死亡时，王秀菊因伤心过度，当场昏迷过去。姚茜不得不强忍着悲痛让自己振作起来。那几天，女儿马婕每次吵着要找爸爸时，她都编造各种善意的谎言，说爸爸出差了。望着天真无邪的女儿，她只能悄悄地流泪。

赔偿款无法挽回生命

交警经过勘查事故现场，并对车辆进行技术检验，最后认定胡强对此次事故负全部责任。

胡强和姜科在医院住院治疗了近一个月，胡强近几年做生意存下的积蓄几乎全部支付了二人的医疗费。回忆起事故发生的瞬间,他仍然感到后怕。其实,对他而言,疲劳驾驶一直是常态,只是存有侥幸心理,以为自己身强力壮能够熬得起。事故发生后他才意识到后果的严重性,但为时已晚。

出院后,胡强主动找到姚茜商量赔偿事宜,协助她处理马万超的后事,但双方始终未能就赔偿款项达成一致意见。姚茜只好连同女儿、公婆一起将胡强以及胡强所驾车辆投保交强险的保险公司起诉至法院,要求赔偿医疗费、丧葬费、死亡赔偿金、被抚养人生活费、精神损害抚慰金等各项损失,共计112万余元。

胡强给自己的货车投保了12万元的交强险及50万元的商业险,对于超出保险限额的主张,他感到一筹莫展。庭审中,他对事故事实和责任认定均不持异议,但认为原告方主张的各项诉讼请求过高。双方主要的争议焦点在于30万元的精神损害抚慰金。姚茜说:"马万超作为一名历经千辛万苦从农村奋斗出来的高级知识分子,凝聚着父母一生的心血,寄托了父母所有的希望。原本拥有大好前程的他,生命就此戛然而止,使父母失去了儿子、妻子失去了丈夫、女儿失去了父亲,事故给我们家人造成的精神伤害简直无法估量,我们主张的精神损害抚慰金一点儿也不过分。"

胡强向法庭答辩道:"我能理解事故给原告方造成的精神打击,但不能因为死者的学历高,就主张如此高额的精神损害抚慰金。"

最后,法院酌情支持了原告精神损害抚慰金8万元,依法判令保险公司在交强险限额内承担12万元的赔偿责任,胡强承担68万元的赔偿责任。

胡强可以通过商业险理赔50万元,但剩下自行负担的部分对他来说也绝非小数目。然而,无论多少赔偿款,对于马万超的家人来说,也不足以挽回一位优秀的儿子、丈夫和父亲。(文/高庆)

宋鱼水评案：

长途司机如何告别疲劳驾驶

一场交通事故夺走了马万超的生命。我们在听到这起事故时，难免感到恐惧和忧伤。马万超虽是一名普通的农家子弟，但由于自身的勤奋和努力，不仅取得了博士学位，而且还致力于国家的科研事业，很可能会为国家的科研事业作出应有的贡献。

正值其回报祖国的青春年华，命运却拒绝了他的回报。而更令人不舍的是，马万超还是一位孝子，虽然事业繁忙，却不忘父母养育之恩。马万超发生车祸之时，正是驱车赶回老家接生病的母亲。追求事业、热爱父母的马万超是中华儿女的优秀典范，但一位疲劳驾驶的长途司机却夺走了他年轻的生命。从此，父母失去了儿子，妻子失去了丈夫，孩子失去了父亲。面对这样一起惨痛的事故，哭泣和愤怒都挽救不了他的生命。为什么会发生这样的事故？可否予以避免？还会再有下一个马万超吗？

我想，肇事者胡强心里一定非常自责。庆幸的是，胡强并未回避责任，出院后主动找到马万超的妻子；同时，其对驾车职业也是认真的，他为车辆投了保，确保自己尽可能担当责任。但是，我要谈的是长途司机这个群体，如果疲劳驾驶已经成为最重要的驾驶方式，我们该思考如何解决？有关部门能否从制度管理上严格予以杜绝？

诚然，任何一位以开长途车为业的司机都希望轻松愉快地上路。但在市场生活面前，选择经常身不由己，疲劳驾驶出于各种复杂的原因，行业里有其生存的法则和习惯。但司机们要思考的是，当这一切被危险所替代时，谁能挽救你我的生命？谁能替代内心的自责？谁能担负起赔偿的义务？

当风险尚未成为事实时，不是冒险，而是认真周全的考量。任何一位长途驾驶员，都要学习基本的风险知识，严格遵守驾驶时间，绝不能危险驾车。驾驶员应更多地吸取这类案例的教训，形成良好的遵纪守法的驾驶素质，确保公民生命安全。

我国大概有世界上最多的驾驶员,但不一定有世界一流的驾驶素质和驾驶文明。这对专业司机而言,需要弥补这一课。一个蓬勃兴起的发展中国家,上路的不仅是车水马龙的车辆,而且是驾驶它的队伍和水平。当车辆和司机共同成为我们国家文明的标志时,一个国家汽车的现代化才是真正的现代化,才是人们喜闻乐见的现代化。

提高素质,爱自己的生命,也爱他人的生命,严格遵守开车时间,不疲劳驾驶,是汽车驾驶员应该做到的。

No.22 偷开与逆行的碰撞
——驾驶者风险认识不足酿事故

一场不该发生的车祸，改变了两位年轻人的生活：虎子回到了他生活的原点，全家举债赔偿；志刚则成为一级伤残，将在病床上度过自己的余生。

偷开客户汽车

不甘心像父母一样一辈子靠着一块土地艰难维持着生计的虎子高中毕业后，和几位同学一起去上了技术学校，学了汽车维修专业。2009年6月，从技校毕业的虎子决定到大城市去闯一闯。就这样，虎子来到了北京，凭借不错的手艺，他在西四环外的一家汽车修理厂找到了工作。

刚刚步入社会的虎子工作勤勤恳恳、任劳任怨，很得老板的赏识，薪水也随着他工作量的增加而不断升高。虎子工作做得越来越好，2011年年底，工作两年半的他成了修理厂的顶梁柱，老板也越来越喜欢他，并且正商量着扩大修理厂的规模，让虎子也投资一小股。虎子沉浸在发财的美梦中，工作干得也越来越有劲头。

正当虎子的事业处于上升期时，爱情也垂青了这位农村小伙子。在北京这个陌生的大都市里，他有幸邂逅了同为老乡的晨曦，两人很快坠入了爱河。

2012年3月22日是虎子和晨曦恋爱一周年的纪念日，虎子提早在网上团购了两张电影票,打算约晨曦去看电影。可是,要去电影城得换乘一次地铁和一次公交车。为了带给女友更多的舒适和感动,虎子脑海中快速闪现一个念头:就在前一日,他刚修好一辆丰田牌轿车。车主魏先生因出差在外,要一周以后才来取车。于是,虎子决定为了周年纪念日,破例将客户的车辆开出来。他轻信只要自己花钱加点儿油,看完电影把车再送回来,也不会造成什么妨碍。

虎子偷偷地取出了魏先生的轿车。车子从修理厂拐入道路的那一刻,尽管虎子内心有些忐忑,但他和女朋友还是不约而同地露出了美滋滋的笑容。然而,就在车辆从主路转向辅路没多远时,一辆电动自行车迎面而来。虎子本想一脚踩在刹车上,却慌乱地踩在了油门上,惨剧就这样发生了。

慌乱中的虎子意识到自己的错误,迅速下车查看伤者。晕倒的男子叫志刚,虎子连声叫着"醒醒,醒醒",晨曦急忙拨打了122和急救电话。交警到达现场,考虑到虎子未能确保机动车行驶安全、志刚骑电动自行车逆行,因此,认定虎子和志刚负事故的同等责任。

无法挽回的伤痛

志刚被急救车送往医院抢救。医院初步诊断志刚为脑挫裂伤、脑震荡、左腓骨中下段粉碎性骨折,需要住院抢救治疗。虎子取出自己银行卡内仅有的1万元钱,晨曦也拿出了钱包里仅有的500元钱,替志刚预交了住院押金。

虎子迅速将车辆送往修理厂,恐惧宛如一层厚厚的阴影将他笼罩。他没有勇气将情况告诉老板和父母,因为私自将客户的车辆开走是修理厂最大的禁忌。他十分清楚,老板不仅不会为他的行为埋单,而且还极有可能将他开除。虎子陷入了难以自拔的懊悔之中。

志刚的伤势十分严重,一周之内经过几轮手术后仍然处于昏迷状态。志刚和虎子一样,也是从外地农村来北京的务工人员。刚满20岁的志刚是家族里唯一的男孩儿,寄托了全家人的希望。志刚的父母和叔伯竭尽全力东拼西凑了5万元赶到北京抢救志刚。经过一个多月的痛苦煎熬,志刚终于清醒过来,但等待他的却是高额的医疗费和全身的伤痛。

为了继续给志刚筹措医疗费,志刚的家属找到了虎子所在的修理厂。老板盯着眼前虎子亲笔签署的事故认定书,简直难以相信自己信任的虎子会闯下如此祸端。

老板一边耐心地安抚志刚的家属,一边怒斥虎子:“你从进修理厂的那天开始,我就屡次强调过不得偷开客户的车。现在出事了,修理厂不会替你担任何责任,你就自食其果吧。”虎子百口莫辩,用几乎只有他自己听得见的声音说:“我想办法筹钱。”

志刚全家举债十几万元后,志刚才勉强出院。经过鉴定机构鉴定,志刚构成一级伤残。于是,志刚在家人的代理下将虎子、车主魏先生、车辆投保交强险的保险公司起诉至法院,要求赔偿医疗费、住院伙食补助费、残疾赔偿金、被扶养人生活费等各项损失共计80余万元。

显然,最无辜的是收到法院传票的魏先生,他去修理厂取车时得知虎子擅自开自己的车出了交通事故,本已感到十分愤怒,没想到还被伤者起诉成了被告。庭审中,他义正言辞地阐明了自己的观点,自己虽然是车主,但是,将车辆放在修理厂修理,对车辆已经失去了控制,对事故的发生不存在过错。因此,他坚决不同意承担赔偿责任。被告席上的虎子没有过多地为自己辩解,只是不停地强调自己没有赔偿能力。

法院经审理认为,保险公司应当在交强险范围内承担赔偿责任;虎子作为直接侵权人,对于志刚超出交强险的损失,应承担赔偿责任;车主魏先生对事故的发生不存在过错,因此不承担赔偿责任。最终,法院判决保险公司和虎子赔偿志刚合理损失70万元。

判决虽然已经生效,但对虎子来说,这简直就是天文数字,他不知道自己多久才能把债还完。对于志刚来说,理应获得70万元的赔偿。但即便这70万元能够拿到手,也难以换回他的健康,难以抚平事故给自己和家人带来的悲痛。(文/高庆　张颖超)

宋鱼水评案:

受害者的亏吃在交通安全意识缺乏上

交通事故案件不发生则已,一旦发生多是悲剧。

本案中的虎子明显对交通事故的风险认识不足。他自以为自己能够安全驾驶,然而,事与愿违。虎子为什么会盲目、侥幸开车?其最重要的原因是他的文明意识不够。

在一个高度现代化的文明国度里,人类的文明教育是极其重要的。虎子有胆量到现代都市里闯天下,但文明意识的贫乏蒙住了他的双眼,做事靠感觉,没有靠理性,缺少论证与分析。虎子所应具备的现代都市人的文明意识并非很难学。但真正学以致用,成为自身潜移默化的生活细胞,要从小灌输方能成为行为方式。一个从小就懂得开车有风险的人才会对其行为有自觉的约束,否则,是管不住自己的。如同虎子,他不是不知道开车有风险,而是开车的诱惑力占据了上风。

虎子的另一个问题是不具备修理工的职业素质。虎子在修理厂很能干,专业素质也有一套。但虎子严重违犯公司规章制度,擅自使用客户的车辆。结果是不仅损害了自己,而且损害了修理厂的声誉。试想,客户一旦发现修理厂的职工使用自己的车辆,对修理厂的信任度会怎样?从这一点而言,虎子胆子太大了!其实,胆量的背后是无知。

总之,虎子是某些农村孩子的缩影。从虎子身上我们应深刻认识到给农家子弟提供学习机会的重要性,让知识改变行动。

事故的受害者志刚是逆行者,他吃亏就吃在交通安全意识的缺乏上。安全无小事,事故猛于虎。驾驶车辆的人一定要树立安全意识,为了自己的生命安全,也为了他人的生命安全。

No.23 闯祸的残疾人机动轮椅车

——中老年人驾驶残疾人车丧命

年过六旬的张振刚一向身体很好，却自作主张驾驶残疾人机动轮椅车出行，结果与新手吴翠华驾驶的面包车相撞。张振刚不仅失去了生命，经交通管理部门认定，他还负事故的主要责任。

正常人驾残疾车

张振刚是一位居住在北京市北部地区城乡接合部的农民，他与妻子翟萍含辛茹苦地将两个女儿、一个儿子培养成人。张振刚种过地、摆过摊儿、打过散工，日常生活总是省吃俭用。如今，儿女们均已成家立业，对张振刚老两口也十分孝顺，只希望他们能够安享晚年。

张振刚经常感慨如今的生活越来越美好，家门口道路拓宽了，离家几公里处还修建了通往市区的地铁。为了方便出行，张振刚琢磨着给自己置办一辆代步工具。得知父亲的想法后，儿子提议给他买辆品牌电动自行车，但被张振刚断然拒绝："那可不行，一来电动自行车贵，二来经常需要充电，太浪费了。"

2011 年年底，张振刚在和邻居蒋师傅聊天的过程中，得知有一种残疾人机动轮椅车比较适合中老年人代步出行，具有购车成本低、油耗少、速度快等多重优点。张振刚听着有些心动，在蒋师傅的介绍下，他购买了一辆残疾人机动轮椅车，并托人办理了牌照。

张振刚将车辆买回家后，儿子盯着车十分疑惑地问："爸，你好端端的正常人，怎么买到了残疾车？你有资格上路吗？"张振刚故作神秘状："这你就不知道了，我自有办法。我认识好几个人都这么干的，这又不是我独创的。"儿子仍然很认真地提醒他："你可千万别开着这辆没有正式牌照的车出门，如果被罚了款，就得不偿失了。"可是，张振刚并没有听从儿子的劝告。

2012年端午节的前一天，为迎接即将回家过节的儿女们，一大早，张振刚就骑着他的残疾车前往一家大型海鲜市场购买海鲜。路上的车辆和行人比较稀少，张振刚哼着小曲儿，在道路上找到一种游刃有余的感觉。不经意间，他驶到了道路的左侧。约5分钟后，一辆银白色的小面包车突然迎面驶来。张振刚急忙向右打方向盘，面包车司机吴翠华试图急刹车，可两辆车仍旧猛烈地碰撞在一起。猛烈的撞击将张振刚甩出了残疾车，头部鲜血直流。待120救护车赶到现场时，张振刚因失血过多已经停止了呼吸。

面包车司机吴翠华被眼前的景象吓呆了。吴翠华已年过半百，也是附近的农民。她曾因胆小而畏惧开车。为了照顾体弱多病的父母去医院看病，她才鼓起勇气考了驾照。因摇不到北京的车牌号，她办理了河北省的牌照。当天，吴翠华正赶在早间外地车牌号非限行时段送父亲去医院。

交警到达事故现场后，对事故现场进行了勘查，认定非残疾人张振刚驾驶并未在本市公安交通管理部门登记、领取牌证的残疾人机动轮椅车驶入道路左侧是事故发生的主要原因，吴翠华驾驶机动车超速行驶是此次事故发生的次要原因。

车祸后的伤痛

张振刚的三个儿女无论如何也未料到原本全家团圆的端午佳节，他们最尊敬和感激的父亲却永远离开了人间。两个女儿趴在父亲的遗体前放声大哭……张振刚的妻子翟萍因伤心过度而住进了医院。儿子强忍悲痛为父亲办理丧葬事宜,他无数次责怪自己当初没能说服父亲放弃驾驶残疾车,可这一切都悔之晚矣。

尽管交通管理部门认定张振刚对此次事故负主要责任,但他的家属还是将矛头指向了吴翠华,要求吴翠华赔偿丧葬费、住宿费、交通费、死亡赔偿金、被扶养人生活费、精神损害抚慰金等各项损失近40余万元。

吴翠华主动进行了赔礼道歉,同意配合他们去保险公司理赔。可她仅投保了12200元的交强险,买车时为了节约保费并未购买商业险,超出交强险的部分得自行负担。自从发生事故后,吴翠华的心情一直很沉重,她上有4位七八十岁的老人需要赡养,下有二十出头、尚未结婚的儿子,家庭收入不高,但负担很重,她购买面包车的3万多元钱还是东拼西凑来的。她实在无法赔偿张家那么多钱。

协商无果后,张振刚的家人只好将吴翠华及其投保交强险的保险公司起诉至法院。庭审中,张振刚的两个女儿几度哽咽:“无论多少赔偿款都难以挽回父亲的生命,都替代不了我们与父亲之间其乐融融的亲情……”保险公司同意在交强险限额内进行赔偿。案件的争议焦点为超出交强险限额的部分,原、被告双方各自承担责任的比例。吴翠华认为事故的主要责任在张振刚:“交警认定我超速,我平时在那个路段都是同样的速度,事故的主要责任在张振刚,他就不应该把车开到我所走的车道上来;否则,根本不可能发生事故。在当时的情况下,我刹车都来不及。所以,我只同意承担10%的赔偿责任。而且赔偿款我还得想办法去筹。”对于吴翠华的说法,原告方表示不服气,张振刚的儿子质问道:“我承认我父亲有不当之处,但你所驾驶的车辆比我父亲要大得多,你负有更多的保证安全的义务,事故发生后你无法推卸责任。”

最后,法院综合考虑事故双方的过错程度,判定保险公司在交强险限额内承担赔偿责任。超出交强险的部分,被告方吴翠华承担30%的赔偿责任。双方领到判决书后,均未上诉。(文/高庆)

宋鱼水评案：

惨案留给中老年人的交通警示

又是一起让人闻之心碎的交通事故。所不同的是，这起事故的双方当事人一位是年过六十的老人，一位是年过半百的中年人。通过这起案件，我们不妨把目光锁定在这个群体，为他们提供交通警示。

残疾车是一种特殊的交通工具，需要特殊的知识培训，并受特殊交通规则的约束。这既是对残疾人负责，也是最大限度地保护交通安全。张振刚老人购买并驾驶残疾车最重要的问题在于他仅想到残疾车的好处和便利，对残疾车可能带来的隐患以及驾驶的基本技能没有系统地掌握和理解。更令人不安的是，老年人更应该遵守交通规则，而张振刚却存有侥幸心理，对其危险性十分大意。交通队对其承担主要责任的判定足以说明其对涉及残疾人的法律规章或一无所知或熟视无睹。但无论出于哪种心态，最终，这种主观行为导致了其生命的完结，令人十分遗憾！

老年人喜欢残疾车，主要是迫于需要。倘若我们能够把这种车辆的弊端宣传给社会公众，特别是像张振刚这样的老年人，甚至为他们的需求再设计出更便利的交通工具，相信安享晚年的中国人会更有一份安全感。

超速，绝对是吴翠华这个年龄段的人不应犯的错误。在交通拥堵的北京，吴翠华忽略了急躁可能带来的危险，直至超速撞了人才幡然悔悟，但为时已晚。

从吴翠华身上，我们要思考这样一个问题：用外地牌照的车在北京市上路是很危险的，因为限制比较多。最重要的，我们还是要努力思考和改变：如何让更多的人利用公共资源实现交通便利。像吴翠华这样的人，不到万不得已，肯定不会买不便利的外地车。尽管社会发展让交通难题越来越大，让社会管理相对滞后，但越是在这样的困难时期，越要攻坚克难，解决像吴翠华这样亟待解决看病交通工具的问题。否则，还会有更多的吴翠华冒险。

总之,一个社会的交通文明需要全方位的努力。希望大家把责任和责难都转化为共同的担当,从个体以及社会的角度不断推进问题的解决,希望现代交通生活成为最美好的生活。

No.24 交强险断档期之祸

——发生在交强险断档期的惨剧

来自贵州农村的桂秋结束了老家一段失败的婚姻后，来到北京遇见了深爱她的男人潘有强，却不幸遭遇车祸致使双腿严重受伤。司机老郭未及时给所驾的车辆续保交强险，也无力垫付治疗费用。幸好潘有强始终不离不弃，陪伴在她身旁给她以物质和精神上的双重支持。

冰冷的车祸

桂秋的第一段婚姻是父母安排的，由于双方婚前不甚了解，性格差异较大，婚后经常因为家庭琐事而争吵，直至终结了苦苦维系十八载的婚姻。离婚后，桂秋在老乡的介绍下来到北京从事家政工作。经过简单培训和身体检查后，桂秋顺利地成为一家家政公司的员工，她的主要工作是入户从事保洁工作。

2011 年年底，桂秋被安排在潘有强家打扫房屋。潘有强年近五旬，自己经营了一家小型餐饮店，10 年前妻子因病去世，女儿早已成家立业。桂秋的勤劳和善良打动了潘有强，他向桂秋表明，想与她交往。

半年后，桂秋从家政公司辞了职，开始协助潘有强打理餐饮店的生意。两人相处得十分融洽，走进婚姻也是水到渠成的事。潘有强打算在国庆和中秋双节期间将桂秋引见给自己的家人，然后正式娶进门。

好事未到，祸事先至。一场突如其来的车祸让桂秋陷入深深的痛苦之中。2012年6月的一天午后，桂秋骑着自行车前往餐饮店。在她身后不远处，老郭驾驶着面包车缓缓驶来。老郭忙活了一上午，刚给人送完货，准备回家吃饭，心情比较轻松，手握方向盘，心里琢磨着午餐吃什么。可是，一不留神，老郭驶入了非机动车道，直逼桂秋的自行车。未等他及时刹车，车轮在惯性的作用下碾压在桂秋和她的自行车上。

完全失去知觉的桂秋当即被120急救车送往医院，被确诊为：盆骨骨折，左股骨干骨折，全身多处软组织损伤。交警赶到现场，经过查证核实：老郭未在机动车道内行驶且未确保安全是事故发生的全部原因，因此，认定老郭对此次事故负全部责任。

潘有强得知桂秋出事后，第一时间赶到医院，毫无顾虑地预交了5万元手术费。老郭东拼西凑通过潘有强给了桂秋8000元，他站在手术室外一直保持沉默。

老郭有着近20年的驾龄，先前一直帮别人开车，一年前自己刚买了一辆面包车给人送货，之前开车过程中连磕碰都没有发生过，没想到这次把人撞得如此严重。更让他懊恼的是，买车时投保了交强险，为期一年的交强险在事发三天前就已经到期了。原本以为自己开车向来小心谨慎，晚几天去保险公司续保也无所谓。眼前发生了事故，保险公司肯定拒绝赔偿，这意味着所有的赔偿责任全部落在了他的身上，而他还正在供养两个孩子上中学。想到此，他感到身上的负担有千斤重。

温暖的结局

在桂秋住院治疗的两个多月时间里，潘有强四处筹措医疗费用，还抽出大部分时间陪在她身边，试图帮她走出事故阴影。在潘有强的悉心照顾下，桂秋逐渐康复，但医生告诉她可能落下终身残疾。

出院后，桂秋生活无法自理，行动需要借助轮椅。考虑到潘有强已经为她支付了近10万元的医疗费用，桂秋感到亏欠他太多，不想成为他的累赘，因而打算回老家休养。潘有强似乎看出了她的心思，安慰道："你现在受伤了，我一定要照顾好你，相信你一定会好起来的。何况，咱们被人撞了，还得去讨个说法呀。”潘有强的一席话如一股暖流温暖了桂秋冰冷的心。桂秋决定留下来，并委托潘有强处理此次交通纠纷。

潘有强特意赶到位于郊区农村的老郭家找他恳谈了一番。老郭家有四间平房，屋里几乎没有值钱的东西。老郭热情接待，连声道歉。潘有强开门见山地说：“老弟，你的赔偿能力我很清楚，可你开车出门，怎就不按时买个保险呢？没有保险，不仅害了我们，也苦了你自己。”“你不知道我有多后悔，简直就是因小失大。我知道桂秋挺可怜的，如果我按时买了保险，就算我没钱，起码保险公司能赔呀！”两人在埋怨声和叹气声中未能达成赔偿协议。潘有强只好代理桂秋将老郭起诉至法院，要求老郭赔偿医疗费、残疾赔偿金、精神损害抚慰金等共计30万元。

就在法院定好开庭时间、向双方送达开庭传票后，桂秋感到腿部钻心般疼痛，潘有强只好带她去医院复查。医生说桂秋臀部有多发骨头坏死，需要进一步手术治疗，费用约为6万元。这个结果令桂秋变得心灰意冷，她想到了放弃治疗。而已经花完大部分积蓄的潘有强则态度鲜明：“必须不惜一切代价治疗，哪怕变卖我的房子也得给你治疗，你人生还长着呢。”潘有强找朋友借了一部分钱帮桂秋交齐了医疗费，继续供她治疗，并暂时撤回了起诉。

待桂秋顺利做完第二次手术后，再次将老郭起诉至法院。庭审中，潘有强作为她的代理人陈述了自己的肺腑之言：“交通事故的发生让我方伤者痛不欲生，也使被告方陷入了经济窘迫，这都是我们不愿意看到的。我方以后生活的影响则是不可估量的，不管法院判令被告赔偿多少，我都得照顾她后半辈子。”

最终，法院判令老郭赔偿桂秋各项损失21.5万元。在宣判时，老郭主动向潘有强透露了好消息：他家的房屋可能会被拆迁，到时候可以拿拆迁补偿款赔偿他们。（文/高庆）

宋鱼水评案:

交强险是当事人解决问题的经济保障

这是一起不幸的交通事故,桂秋在这起事故后无法站起来。然而,桂秋在痛苦面前并非一无所有,她收获了两大真情:一是潘有强对她的爱与承担。这场事故让桂秋感受到潘有强对桂秋的好不是有条件的,而是无私和真诚的,这必将使桂秋产生强大的生活勇气,激励桂秋战胜痛苦。二是老郭最终没有逃避。虽然这是老郭应该承担的责任,但在无力承担的情况下人会变得更糟糕。庆幸的是,老郭还是在想尽一切办法进行赔偿。

在这个案例中,潘有强找到老郭说了这样的话:“老弟,你的赔偿能力我很清楚,可你开出车门,怎就不按时买个保险呢?没有保险,不仅害了我们,也苦了你自己。”潘有强的话道出了保险的意义。我国不是一个保险意识很发达的国家,交强险制度的产生是为了进一步防范交通事故的风险,实现驾驶人员与受害人最大地避免、化解纠纷的可能,确保受害人最大可能地免遭不幸。交强险是当事人双方解决问题的经济保障。遗憾的是,我们有制度,老郭却远离了制度的帮扶。老郭之所以如此,确实有驾龄时间长的资本,但资本解决不了老郭的问题。

老郭的案例再次需要我们思考:我们应该做怎样的驾驶员?如何培养驾驶员的素质?前段时间我听同学说,美国的一些高中设有“学车”这门课,于是我在想,将“学车”纳入中学教育体系,不仅是“学车”的技术,更有“学车”的文化底蕴在里面,是中学生的一种素质教育。结合老郭,再联想到我们国家对驾驶员的资质培训,还有很多需要借鉴和总结的方面。现代交通离不开高度文明的驾驶员。如果说一名飞行员的培养历尽艰辛,一名汽车驾驶员的培养也要付出一定的心血。因为,他们一旦上路,不仅决定自己的命运,也要波及他人的命运。

庆幸的是,在这起案例中有不幸中的有幸。人在痛苦和灾难面前,本性回归到善、帮助、倾尽所有。现代社会,人们走向务实,感情是否也要走向务实?这是一代人的困惑。很多人择偶的条件变得物质化了,很多人不愿意作出单方的牺牲,潘有强的出现让我们有所感动。作为一个需要帮助的人,却成了帮助别人的人。作为一名可以不承担责任的人,却坦然表现出一个男人高贵的品格。这是一种值得全社会思考的价值观,也是一种在传统文化和现代生活中值得传承的中国文化。所以,当我们说,很多人不会像潘有强时,我们丧失的是一种民族精神;当我们说,很多人都会做潘有强时,我们拥有的是时代的精神活力。

第三编

起诉风险及调解理念

从表面上看，到法院起诉是一件简单的事情，事实上，什么案子可以立，什么案子不能受理，什么案子可以诉前调解，什么案子须走诉讼程序……都有严格的规定和程序。

通过北京市海淀区人民法院办理的12起典型案例的立案故事，我们为上述问题找到了答案。更为重要的是，通过宋鱼水的讲解，看清了这些代表不同类型的个案中的问题所在及调解思路和着力点——宋鱼水的调解理念跃然纸上。

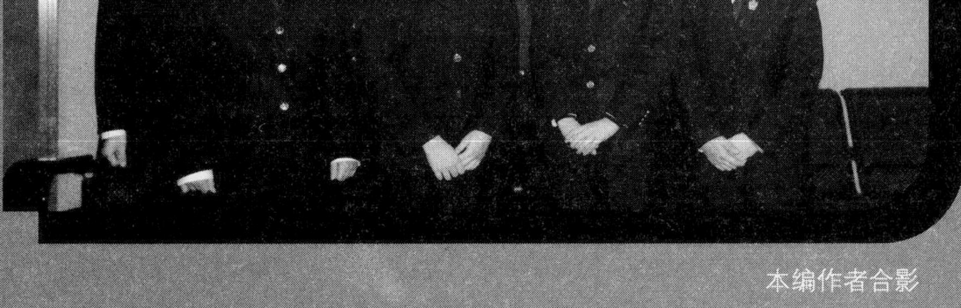

本编作者合影

No.25 闹心的健身卡

——“讲解法律”是调解的基础

消费者“长线投入”健身卡

40岁的孙明是一家外资投资银行的高级项目经理，工作繁忙但收入颇丰。2004年，他与妻子张虹在一处黄金地段购买了一套135平方米的房子后，终于在北京有了属于自己的家。同年，他们的女儿童童降生。对于这个宝贝女儿，孙明视为掌上明珠，倍加爱护，努力为童童创造优越的生活环境。

2012年，童童8岁了，逐渐懂事的她开始希望爸爸能够多陪在自己身边。春节过后的一天晚上，童童突然提出：“爸爸，以后周末我们一家人去健身房吧，咱们比赛跑步。”“小虹，我觉得童童这主意不错啊！”孙明对在厨房刷碗的张虹喊了声。张虹从厨房探出身，笑着说：“你要是能坚持下来，你的零花钱我给你翻一番。”于是，找个健身房全家健身的想法得到了一家三口的赞同。最后，童童还不忘和爸爸拉钩约定了下来。

既然有了约定，孙明就开始搜寻健身会所，总的原则是离家近、环境好、价格合适。一个月的时间，孙明也去看了四五家健身房，但都不尽如人意。3月底的一天，孙明带着童童在外吃完饭回家，偶然发现离家不远处有一套已经装修得差不多的房子，看装修风格类似于健身房。孙明驻足看了看牌子——招祥健身中心，还是个连锁品牌。之后的几天，孙明每天都特意绕到招祥健身中心，看着它装修一天天完善。

4 月中旬，当孙明又一次来到招祥健身中心门前时碰到了健身中心在做宣传，健身顾问小刘热情地向孙明介绍："招祥健身成立于上海，在上海拥有 25 家分店，在北京这是第 5 家，是集健身、休闲、游泳于一身的高端会所，口碑一直很好。现在趁着店还没有正式营业，推出会员抢鲜活动，优惠力度史无前例。"

孙明听着小刘的话，心里也在琢磨，这家健身房离自己家算是最近的，等到健身房开业一家人也是要来入会的，现在有优惠的话确实比较划算。小刘看孙明有些动摇，接着又说："我们这里推出了 5 年期家庭卡，不限次数，包括 2 张成人卡和 1 张儿童卡，低至二折。这么低的价格就截至今天，以后都不会有这么低的价格了，您一定不要错过，您看已经有 50 多人入会了呢。"

孙明从心里盘算着价格，眼前又浮现童童期待的神情。于是，他决定谈一下入会合同的细节。当谈到会所开业时间时，孙明又有些犹豫。但小刘打保票说："8 月 1 日肯定可以来健身了。"看到孙明犹豫，小刘又额外赠送了每人五次体质测试、每人一次私人教练服务课。于是，孙明认真阅读与填写了合同，确认无误后交纳了 1.5 万元会费，拿回了 3 张 5 年期家庭卡。

回到家，孙明把 3 张会员卡交给了女儿童童，童童开心地跳了起来。得知健身房 8 月才正式开业，童童虽然很失望，但还是接受了现实。她撅着小嘴、踮起脚尖在日历的 8 月 1 日上画了个圈，这是爸爸给她的承诺。

健身房为"空头支票"退款

接下来的日子，童童几乎是数着周末过日子，终于盼到了 8 月 1 日。8 月 4 日是星期六，孙明和张虹带着童童满心期待地来到招祥健身中心，却发现中心大门紧锁，透过玻璃看到的情景是和 4 个月前没有差别的装修景象。张虹生气地拉着童童转身离开，孙明看到了童童失望的眼神。

接下来的日子里，孙明反复拨打健身顾问小刘的手机。小刘告诉孙明，由于健身房股东之间的矛盾，资金还未到位，还得再等一段时间，健身时间可以续延。孙明等了一个月又一个月，健身房还是没有开业。童童从吵着问爸爸什么时候才能去健身房到不再提健身房的事情。张虹也因为这件事和孙明争吵过多次，责怪孙明不该一次性拿出那么多钱办卡。为此，孙明很是烦恼。

11 月中旬，孙明向健身房提交退款申请，要求退还所交纳的会费，健身房却迟迟不予答复。无奈之下，孙明一纸诉状将健身房诉至法院，要求退还会员费并赔偿因此产生的误工费、交通费。

收到孙明的起诉材料后，立案法官给健身房打了电话询问。健身房的张经理也向法院倒了苦水："我们信誉一向很好，这次主要是高层之间有些矛盾，应该很快就能解决的，很多会员来找我们，我们也很着急。"

立案法官将孙明和张经理约到法庭进行调解。在法官的调解下，双方均表示本着尽快解决问题的态度相互体谅，最终孙明拿回了之前交纳的会费。通过这个事情，孙明得到了一个教训，在未考察健身房信誉前，不能因价格低廉的诱惑而办理长期的会员卡。健身房的张经理也向法官表示会积极履行合同义务，承诺妥善解决每一位会员的退费问题。（文/陈穆颜）

宋鱼水评案：

调解本案时向双方做了法律讲解

这是一起诉前调解的案件，当事人最终没有通过诉讼便解决了问题。诉前调解是一种在诉讼之前化解案件纠纷的矛盾消化方式。对于与本案类似、事实清楚、法律关系明晰的案件，其实起诉、辩论、证据交换等复杂环节的诉讼程序未必能更好地解决问题，诉前调解反而是解决当事人双方矛盾更便捷、有效的方式。

从整个案例过程可以看出，这起案件能达成诉前调解是有一定基础的。

先说当事双方。首先,原告孙明一家到健身房健身的目标没有实现,他们挑来挑去的非常有资历的健身中心未能如期经营。在协商未果的情况下,他不得不跑到法院寻求司法救济。他们那种焦急而无奈的心情具有一定的代表性,消费者的心情常常如此。其次,被告招祥健身中心具备解决问题的基础。诉讼到法院的案件,最难的是找不到被告,或者被告无偿还能力。本案中,被告招祥健身中心给法院的信息是可以继续履行合同,但其履约信誉大打折扣,原告选择了解除合同的调解方案。其实,当事人一旦选择了诉讼,彼此的信任度就已经非常低了,很少会选择继续履行合同的方案,这是我国当事人之间共同的难题。

既然合同无法继续履行,法庭最后给双方做了解除合同的退款工作。法律上的方案是很严格的,在被告违约的情况下,原告有权要求给付本金及违约金。但在司法实践中,调解并支付违约金的案例比较少,其难点在于被告。被告作为商家,不赚则赔,因此,在退赔工作上态度消极,而违约金是被告最想坚持让原告放弃的部分。特别是在这类服务合同案件中,被告面对的债务人不仅原告一家,后面有很多家,退赔工作相当复杂。当前,债务人整体信誉、还款能力都存在一些问题,这些原因促使原告不仅考虑己方的法律权利,更考虑经济利益实现的可能性和效率性。最终,孙明一家选择了宁愿放弃违约金、尽快协商解决的案件思路。

其实,健身会所欠的不只原告一家的会费,潜在着群体矛盾。所以,为了类似案件不再诉讼,法庭在调解解决本案时向双方做了法律讲解。特别是叮嘱被告,主动解决问题;否则,会很被动,面临矛盾被激化的可能性。

随着人们物质生活和精神生活的丰富,健身中心的业务会越来越活跃。在众多的健身房中如何选择最适合的,特别是对不愿折腾的、对信息不对称的消费者而言并非易事。所以,我觉得除了提示消费者增强防范意识之外,最重要的还是加强健身行业管理规范。当一个行业在社会上存在时,其应有基本的信誉,社会也应对其进行有效的监督和管理。这样,才能使健身行业健康发展,使健身中心真正成为消费者安心消费的信誉场所。

No.26 网上求职遇骗子，谁之过？
——“起诉风险”会在立案时显现

网上求职

作为20世纪90年代的硕士研究生，伍强一毕业就顺利地进入一家大型国有企业工作。然而，十余年周而复始的工作让伍强失去了工作的激情。于是，在经历了从国有企业辞职、与朋友开公司倒闭之后，伍强最终在一家民营公司落了脚。

经过几年努力，伍强晋升为这家民营公司的副总经理。2011年以来，由于经济不景气，民营公司出口受到影响，效益严重下滑，他的待遇也随之下降。此时，已过不惑之年的伍强对辞职很是慎重，在没找到适合的工作前，他没有贸然辞职。

2012年5月，伍强在一家提供免费服务的人才网上提交了简历和求职意向，并以电子邮件方式接收招聘信息。伍强的求职意向为公司副总经理以上职务，月薪2万元，工作地点为北京。几天后，网站根据伍强的求职意向，向他提供了900多个职位的招聘信息。伍强经过仔细甄别，最终选择了一家工作地点在北京的香港公司珠海市分公司北京代表处总经理职位，并根据招聘信息提供的邮件发送了个人简历和求职意向。

几天后，伍强就接到一个自称刘刚的操有南方口音的男子打来的电话，声称已收到伍强的简历，认为他符合珠海市分公司招聘的条件。但由于伍强的职位和月薪较高,香港公司老总要亲自面试,地点在珠海。“您放心,您来珠海的全部飞机票和住宿费公司都报销,您考虑一下吧,过两天我再给您打电话。”刘刚说。

放下电话,伍强心里有些犹豫。但转念又一想,自己只是去应聘,如果成功是一个机会,不成功也没什么损失。于是,在刘刚再次打来电话后,伍强表示同意去珠海面试。刘刚在电话中提醒伍强带上笔记本电脑,以便进行个人简历演示。伍强向公司请了假,订好机票,并通知刘刚。刘刚热情地表示一定会准时到机场接伍强。

面试被抢

伍强到达珠海机场后,并没有见到有人来接机,他只好给刘刚打电话。刘刚抱歉地说:“公司临时有急事,没来得及去机场。如果打出租车,您是北方口音,怕司机会绕道,请您坐机场大巴到第二中学下车,我在那里等您。”伍强见对方说得诚恳,只好独自去乘坐机场大巴。

在第二中学下了车,伍强发现这里是郊区,路上的行人和车辆都比较少。他正四处张望,一名黑衣男子快速走过来和他打招呼。听来人的声音,伍强断定他就是一直在电话里与自己联系的刘刚。刘刚热情地和伍强握手,并准备顺手接过伍强手中的电脑包。伍强谦让了一下,但刘刚很坚持地说:“您将来是公司领导,我应当为您服务。”伍强谦让不过,就依了他。两个人边走边聊,走到一个交叉路口,伍强还不知向何处走呢,刘刚却突然向一侧路边跑去,并快速地钻进一辆在那里等候的汽车。汽车迅速发动后绝尘而去。等目瞪口呆的伍强反应过来时,车已经没有踪影。

伍强被拿走的包里有笔记本电脑和钱包,钱包里有5000多元钱和信用卡。幸好身份证在伍强衣服口袋里。在路人的指引下,伍强到当地派出所报了案。民警根据伍强提供的号码给刘刚打电话,但电话已关机。民警向工商机关查询,得知这家香港公司在珠海没有分公司。根据伍强提供的线索,警方在短时间内根本找不到嫌疑人。在民警的资助下,伍强勉强回到了北京。

维权被驳

伍强回北京后，越想越不是滋味，凭空被抢了近万元的财产，还多花了机票钱，这事不能就这么算了！伍强想到是人才网给他提供的信息，他认为人才网应承担责任。于是，伍强到北京市海淀区人民法院立案大厅立案起诉人才网，要求其赔偿电脑、现金损失并支付交通费。伍强认为最有利的证据就是人才网发给他的电子邮件以及派出所出具的报案证明。

立案法官审查了伍强的起诉材料，听取了他对网上求职过程的陈述，并凭着审判经验分析了案情，向伍强释明人才网作为适格的被告，可以立案，这是伍强的诉权。但是，有诉权并不代表就掌握了胜诉权。在听了伍强的讲述、对其手中的证据进行分析后，立案法官提示伍强如果起诉，败诉的可能性极大，建议他不要起诉，以免败诉造成更大的经济损失。但是，伍强坚持起诉。根据伍强提供的基本证据，法院受理了他的案件。

2012 年 11 月底，法院就伍强起诉人才网一案作出一审判决。鉴于网络空间的虚拟性以及人才网免费公共平台的性质，法院认为不能苛求人才网承担与一般人才中介机构同样的审慎义务。伍强选中某家应聘公司，并前往异地应聘，人才网是不清楚的，而伍强应聘被抢也完全超出人才网能够预测和防范的范围。因此，法院驳回了伍强的诉讼请求。（文/贾冬梅）

宋鱼水评案：

“起诉风险”会在立案时显现

这起案例属于原告依法起诉但未得到支持的案件。在法律上，此类案件通常被概括为有起诉风险的案件，也就是说起诉人能起诉，但并不代表能胜诉。这是诉权与胜诉权的问题。

本案中,伍强的起诉难点在于,以珠海分公司名义行骗的骗子制造的诈骗案尚在侦查期间。因为伍强无法提供诈骗者的真实姓名和住所等信息,无法启动诉讼程序。所以,立案时,伍强并没有选择起诉招聘公司或诈骗者,而是起诉了提供招聘信息的人才网。

案件的结果是法院认为人才网向伍强提供招聘信息的行为与其财产损失之间不能形成法律上的因果关系,驳回了伍强的诉讼请求。但是,法院并未驳回伍强的起诉。这是因为伍强将人才网列为被告并没有问题,他的诉权成立。关键在于伍强在没有胜诉权的情况下坚持起诉,最终不得不承担败诉的风险。

伍强案是一起典型的信任人才网、信任招聘企业、信任招聘从业人员的案例。值得思考的是,人才网这样的企业,知名度虽高,但带给人们的经营信息无疑也要贴上"防范"的标签。在一个处处需要"防范"的社会里,我们该如何实现诚信社会?伍强案是要改变伍强还是要改变社会?比较个人的防范成本,我认为社会的改变更为重要。

现实中,个人的防范成本是很高的。以求职者为例,他的注意义务非常重。对于招聘网站提供的信息,求职者不但要有过滤能力,还要有审查其真实性的能力。当筛选一家诱惑力很强的企业时,求职者还应排查该企业是否在工商局注册、注册的基本信息、企业的经营状况等。如果需要异地应聘就更要慎重,求职者需对应聘的地点、面试人员、联系方式等进行周密思考。

毕竟,个人的注意义务是有限的。为了尽量减少个人的防范成本,经营者的努力是十分必要的。就本案来看,人才网提供了900多个职位的招聘信息,伍强努力筛选,居然还是被骗。人们不禁要思考:这900多个职位信息有多少是真实的?如果很多是虚假信息,这样的信息平台存在的价值何在?求职者需要数量信息,更需要质量信息。既有数量又有质量是求职者的需求,也应是经营者的目标。一个仅有数量却没有质量的信息平台能走多远?求职者与信息经营者也是双赢关系,单方若缺失信誉,利益追求将失去市场。所以,人才网虽然没承担伍强财产损害的赔偿责任,但是,仍要从企业发展的大计出发,清理信息平台中的虚假信息。

相对企业的努力而言,将诈骗者绳之以法是商务诚信追求的社会治理目标。人们只有生活在一个安全的社会里,才能得到人与人之间最珍贵的信赖感,也因而得到公民个体所崇尚的善良文化和至善美德。毋庸置疑,个体美德的塑造离不开一个诚信的环境以及全社会对诚信的追求。伍强之所以敢于前往异地面试是出于对安全环境的信赖,包括安全隐患出现后国家提供的"法网恢恢",这正是政法部门工作的价值所在。打造全社会的安全体系,不让犯罪分子有任何可乘之机,需要社会安全保障的发达,也需要全社会将安全保障意识提高到与社会发展需求相适应的程度。当然,我们的目光还是要锁定在如何更好地杜绝犯罪上。全社会越重视,我们越有可能解决得最好。

No.27 孩子在兴趣班受伤之后

——“诉前调解”需厘清法律难题

练跆拳道受伤

时年8岁的张豆豆是一名聪明活泼的小学二年级学生。他就读的小学是一所市级重点小学，师资力量强，学生素质高。豆豆的爸爸张明和妈妈李珊希望豆豆能在一个良好的教育环境中全面发展。

随着豆豆进入二年级，张明和李珊发现儿子的课业压力逐渐增大，有些问题连他们也无法解决。课业紧张也就算了，李珊还给豆豆报了两个文化课辅导班和钢琴培训班。从此，豆豆没有了周末。张明看在眼里、急在心上，一个男孩儿整天都忙着上课，原本用来放松休息的周末也被用来补习功课，眼睛近视了不说，还失去了男孩儿天生的活泼与灵性。张明决定在不影响豆豆课业的前提下，增加豆豆的运动机会。

为了豆豆的运动计划得以实施，张明做了一次从培训项目到培训地点、培训品牌、培训资质、培训时间、培训效果的细致比对和调查。经过调研，同时在征求豆豆的意见后，跆拳道从众多培训项目中脱颖而出，成了张明最终的选择。

经过慎重选择，2012年寒假开学后，张明为豆豆报了自强文化培训有限公司的跆拳道初级班并与该公司签订了培训服务合同，交了6000元的培训费。合同中约定，培训时间为每周日上午10点到12点，共计6个月。

豆豆对学习跆拳道热情很高,全身心地投入进去,进步很大。张明和李珊看着豆豆通过跆拳道的训练,不仅身体变得更结实了,而且还能精力充沛地投入学习中,不禁喜从中来。

转眼间,豆豆已经学习了3个月的跆拳道,全家人在有条不紊地生活着。2012年6月10日,如往常的周末一样,李珊将豆豆送进跆拳道班,自己则先回家等待。可是,她刚进家门不久,就接到跆拳道培训教练的电话,说豆豆在训练过程中受了伤,已经被送往医院。张明和李珊迅速赶到医院,在口腔急救室门口见到了正在焦急等待的教练。

在等待检查结果出来时,教练只是简单地告诉李珊,在训练前的准备活动时,豆豆不遵守纪律,不按正确姿势活动,结果脸朝下摔伤,伤到了牙齿。最终,豆豆的伤情被医院确诊为两颗门牙断裂。由于豆豆已经过了换牙阶段,所以,现阶段只能保守治疗,等到18岁之后再种植牙。

一想到现在只有8岁的儿子或许要豁着牙一直等到18岁再种植,张明和李珊既心疼又发愁。

谁来承担责任

豆豆是在跆拳道班上受的伤,那么,理应由培训公司承担责任。出事后的第二天,张明开始与培训公司进行协商。培训公司认为豆豆在训练中没有遵守纪律,是他自己的原因导致这次伤害。对于培训公司明显地推卸责任的态度,张明很生气:"豆豆是在培训过程中受的伤,教练和培训公司应该对学生的安全负有保障义务,你们不能这样推卸责任呀!"

更令张明气愤的是,在协商的过程中,培训公司拿出他们与培训教师签订的合同,该合同中约定学生在课堂中所造成的伤害,一切责任由培训教练承担,与公司无关。公司竟然让张明去找豆豆的教练要赔偿。张明的态度很明确,豆豆是在培训公司报名并接受培训的,他们只和公司协商,不认可公司内部的合同。谈判很艰难,最终,培训公司同意只承担一部分赔偿。但是,双方就赔偿数额始终没能达成一致的意见,僵持不下。

因为协商迟迟没有结果,一晃一个多月过去了,张明与培训公司闹得非常僵,谈判无法再进行下去了。张明开始寻求第三方的帮助。8 月初,张明找到北京市消费者协会进行协调,北京市消协主持了两次调解,但终因对赔偿数额未能达成一致,导致调解失败。

同年 9 月中旬,张明又将培训公司举报至工商部门,工商部门并不能作出处罚,只是给双方主持调解,但双方仍不能就赔偿问题达成最终意见。

这样反反复复经过了两个多月的拉锯式谈判、调解,张明发现培训教练已经从培训公司离职,而且联系不上了。气愤之余,张明想到了诉讼,他决定拿起法律武器维护自己的权利。

2012 年 10 月底,张明来到北京市海淀区人民法院,以身体权、健康权为由提起诉讼。立案法官在审查中发现,与张明签订培训服务合同的是自强文化培训有限公司(以下简称自强培训公司),而在收费单据上盖章的却是蓓蕾培训服务公司(以下简称蓓蕾服务公司)。

怎么突然冒出两家公司来了?如果不是法官提醒,张明都没有注意到签合同的是一家公司,收费的是另一家公司。这两家公司是什么关系,这两家公司在培训中的分工负责情况,张明一点儿也不清楚,他更不知道一直与自己谈判的是哪家公司。两家公司突然同时摆在张明面前,他有些懵了,不知道究竟该告谁,该由谁承担责任。

立案法官了解情况后,决定对该案采取"两步走"措施:一方面,要求张明进一步核实情况,以确定起诉主体;另一方面,准备开展诉前调解工作。

法官联系上两家公司的主管领导,并进行了细致的询问,"谁该负责"的问题逐渐清楚了。自强培训公司是办学单位,负责招生、教练管理、组织培训并且最终取得培训费;蓓蕾服务公司仅为自强培训公司提供培训地点、代为收取培训费用,并向其收取一定的管理费。根据查明的事实,自强培训公司为服务提供方,而蓓蕾服务公司仅仅是委托收款机构，责任应当由自强培训公司承担。与法院沟通后，自强培训公司也同意对该事件承担责任并希望法院主持调解。

2012年12月底，通过法院细致的审查与调解工作，张明与自强培训公司就赔偿数额达成一致，自强培训公司一次性赔偿张豆豆3万元。（文/郭腾腾）

宋鱼水评案：

“诉前调解”需厘清法律难题

豆豆在跆拳道的训练中不幸受伤，他的父母希望为豆豆获取填补豆豆损害的最公平的解决方案。于是，他们选择了相信法律。因为豆豆只有8岁，还是未成年人。在未成年人的诉讼中，虽然豆豆是原告，但因他属于无诉讼行为能力人，所以，他的父母有权以法定监护人的身份作为其法定代理人代为诉讼，行使诉讼权利。

豆豆的父亲张明到法院立案时，遇到了一个难题，就是出现了两家公司，一家是自强培训公司，另一家是蓓蕾服务公司。张明与自强培训公司签订的培训服务合同，蓓蕾服务公司收取了培训费并开具了收费单据。那么，蓓蕾服务公司该不该作为被告承担责任呢？这种情况下，法院一般会进行审查，主要看原告是否有证据证明两家公司之间的关系是单纯收取费用的代收行为，还是参与培训的共同行为。就本案而言，法院审查的结果是蓓蕾服务公司与自强培训公司的关系属于前者。所以，蓓蕾服务公司不应作为共同被告。另外，豆豆的培训教练是否为共同被告呢？答案也是否定的。因为教练的行为是职务行为，职务行为的后果应由该单位负责。至于单位是否向教练追责，并不影响单位首先对豆豆承担责任。

选择诉讼后，张明又面临新的选择——是依据《合同法》起诉培训合同纠纷，还是依据《侵权责任法》起诉侵权纠纷。在合同之诉与侵权之诉竞合的情况下，原告有选择权，可以选择其一起诉，但不能二者同时起诉。针对豆豆的受伤情况，《侵权责任法》更有利于维护豆豆的利益。所以,张明权衡利弊之后,选择了侵权之诉。

由于《侵权责任法》对判赔标准的规定很具体,原、被告双方在立案法官宣讲法律的情况下接受了调解,这样的解决方式被称为诉前调解。诉前调解是在诉讼前进一步化解当事人纠纷的一种方式。能够进行诉前调解的案件通常是解决问题的法律标准清晰化后,当事人愿意在该标准下解决问题,最大可能地节约司法资源,减少诉讼成本。当然,本案因涉及豆豆的后续治疗问题,未来发生的费用试图一次性解决还是有难度的。这既需要当事人慎重选择,也需要双方互相信任。法官也应全面地向当事人做好警示工作,避免矛盾隐患。

No.28 商场大门倒塌之后

——"一次性解决"案件的前提是证据穷尽

逛商场遭遇横祸

2012年年初,刘刚和妻子一起来到北京打工。刘刚顺利地在一家公司当上了司机。因为驾驶技术娴熟、工作勤恳敬业,他颇得老板赏识。2013年元旦前夕,刘刚把在老家跟着爷爷奶奶生活的女儿接到了身边。

为了庆祝一家人团聚,元旦放假当天,刘刚和妻子带着女儿穿行于商场之间,为女儿挑选新年礼物。当刘刚他们转到第三家商场门口时,刘刚觉得累了,便让妻子带着女儿继续逛,自己在商场侧门口等她们。可就在等待的时候,意外发生了。刘刚身旁的侧门居然连门带框一下子倒了下来,正砸在刘刚的左脚上。刘刚立刻感到左脚小脚趾头剧痛无比,令他无法站立。目睹这次意外的商场保安赶紧通知了商场的物业经理。与此同时,刘刚也赶紧给妻子打了电话。

闻讯赶来的物业经理王全立刻叫车把刘刚送到医院。医院诊断,刘刚左脚第五趾骨骨折。医生给刘刚治疗后,建议他先休息三天,并视换药情况决定下一步的治疗方案。陪同刘刚到医院的王全先行垫付了1500多元的医药费,然后又把刘刚和家人送回了家,临走时还留下了自己的联系方式。

三天后,刘刚到医院换药,向医生询问了他脚趾的恢复情况和治愈需要的时间。

医生告诉刘刚说:“恢复的还可以,但完全治愈一般需要三四个月。”刘刚一听就按捺不住了,这脚伤好不了,三四个月不能开车,工作极可能保不住了。更何况,脚受伤后一直是妻子在照顾自己。时间长了,妻子的工作也必然受影响。

在家休养期间,老家的父母在当地联系了一位有名的骨科医生。据这位医生分析,如果刘刚的趾骨恢复得不好,就只能做手术了。这下,刘刚更着急了。他和妻子商量了一下,决定回老家治疗,毕竟家里还有母亲能照顾自己,也不需要负担房租,治疗费用可能也会低一些。但转念一想,回家治疗之后是否还回北京打工成了未知数。可这治疗费该由商场承担,如果自己以后不来北京打工的话,怎么找商场赔偿呢?

思量再三后,刘刚找到了商场的物业经理王全,希望商场能把即将产生的这三四个月的治疗费、误工费、护理费一次性赔清。王全很为难地说:“我们商场也是有规章制度的,你得有看病治疗的发票才能报销拿钱。那天,带你去医院垫付的医药费还是我自己的钱呢。这往后,你尽管放心地去医院治疗,回头把医药费的票据拿来给我,我统一向财务报销。”刘刚说明了自己的经济难处。王全听后,又给了刘刚 2000 元,作为刘刚的生活费,让刘刚加强营养。但对其他的费用,他还是坚持说没办法协调。

法院调解下的折中方案

转眼过去了两个多星期。其间,刘刚又多次给王全打电话,但预付医疗费的事情一直协调不下来。无奈之下,刘刚一纸诉状把商场起诉到了法院,要求商场赔偿即将产生的医疗费、交通费以及按 4 个月计算的误工费和按 3 个月计算的护理费、营养费,共计 4 万余元。

立案法官看到了拄着拐杖的刘刚,发现他仍在治疗当中,而且医院的诊断证明仅载明“建议休息半个月”,并未载明他治疗脚伤需要多长时间,也未出具证明告知其需要多少费用。立案法官询问刘刚起诉要求赔偿 4 个月误工费和 3 个月护理费、营养费的依据。刘刚说:“这是医生根据经验判断的时间,确实没出具书面材料。”

了解情况后,立案法官给刘刚提出建议:“你的脚伤现在正在持续治疗过程中,按照你所说的情况,三四个月能治愈,类似你这样治愈时间不长的情况,大部分原告会选择治愈之后再来起诉。这样,一方面可以确定具体损失,另一方面也有利于一次性解决纠纷。现在起诉的困难在于难以证明误工时间、需要护理的时间。而对于目前不能确定的损失,法院不一定支持。如果没得到支持,待损失确定后,你还需要再来起诉,也浪费时间和精力。你的案件立案是没有问题的,鉴于你的情况比较特殊,我们可以考虑先安排你们进行诉前调解,你是否同意?”刘刚想了想,同意法院先进行诉前调解。

立案法官在收取了刘刚的材料后与商场取得了联系,商场表示愿意与刘刚调解,王全代表商场参加了调解。王全说:“按照商场的规章制度,确实需要有相关票据才能报销。即使是法院主持调解,公司给我的赔偿金额授权也只是1万元左右,而且我们要求一次性解决纠纷。如果接受了此次调解结果,刘刚今后就不能再就此纠纷提出请求。”刘刚和妻子商量了一下,觉得1万元可能不够支付医疗费,如果需要做手术的话就更不够了。想到快过春节了,刘刚决定先回家治疗,待治愈之后再来起诉。于是,刘刚撤回起诉。

就在撤诉后的第二天,刘刚再次来到法院,告诉立案法官他考虑到回家之后可能不再回北京,如果仅仅因为起诉再来北京实在太麻烦,希望法院主持双方再调解一次。经法院居中调解,双方最终达成调解协议,扣除已支付的1500元医药费和2000元生活费,商场再一次性赔偿刘刚1.3万元。至此,刘刚的问题终于得到圆满解决。(文/田水连)

宋鱼水评案：

“一次性解决”的案件的前提是证据穷尽

我国《侵权责任法》第37条第1款规定：宾馆、商场、银行、车站、娱乐场所等公共场所的管理人或者群众性活动的组织者，未尽到安全保障义务，造成他人损害的，应当承担侵权责任。第16条规定：侵害他人造成人身损害的，应当赔偿医疗费、护理费、交通费等为治疗和康复支出的合理费用，以及因误工减少的收入。本案中，刘刚结合自身损害情况，要求商场赔偿相应的费用，诉讼请求成立，法院应予以立案。

对于本案的原告刘刚而言，其既希望被告先行支付费用以及时得到救济，但他又难以一次性主张费用，因为治疗尚未结束，治疗费的截止时间、证明治疗费的单据都无法作为损失的计算根据和证据向法庭提供。对被告商场而言，其基于财务管理等内部规章制度，预先支付这笔费用无凭无据，难以计算。因而，希望原告先行垫付，待损失固定后一并结算解决。可以说，这起案件的双方并不排斥协商解决，如何解决却是个问题。刘刚考虑再三，还是本着互谅互让、一次性解决问题的原则，与被告达成了折中的解决方案。其实，在诉讼中，解决问题的方式是多样的，只要双方认可，被告预先支付一定的费用，并限定结账时间也是一种理想的方式。

对于一次性解决的案件，其解决的前提是证据穷尽，诉讼请求不再发生变化，或者未来无论怎样变化双方均不再主张。然而，这类案件是复杂的，侵权人（即被告）是有过错的。当受害人（即原告）急需费用时，我们应着重考虑受害人的损失能否及时得到弥补，受害人在治疗过程中能否感受到侵权人积极承担的态度。这在我们这样一个以感情厚重为基调的社会尤为重要。从这个意义上讲，侵权人要求受害人先治疗后赔偿的解决方案除非受害人认可，否则，仅以其单位规章制度为由拒绝垫付是值得商榷的。我国《民事诉讼法》第106条赋予原告的权利更大，必要情况下，其有权申请先予执行。

在一些发达国家，厂家在销售家用电器后不是等着坏了才上门服务，而是抢在没坏之前先上门检验、维修；商场在消费者发现所购商品存在问题的时候，不仅退货，还承担往返商场的车马费。与这些国家的商业行为相比，我们现在的企业思维仍需继续发展。当然，我国还处于经济发展的初期，期待一切后果的处理很完美，甚至像发达国家一样超前服务，这还需要发展过程。我们有理由相信，在文明进步中，原告期待的不是同情，而是尊严，是如何将问题解决得最好。如何使顾客的利益得到最大保障，是商场应有的企业责任。

No.29 屋顶漏水引发的邻里纠纷

——邻里纠纷同样需要用法治观念疏导

老人遭遇屋顶漏水

家住北京市海淀区的李原和老伴儿已过花甲之年，一双儿女在美国工作并安了家。2011年，退休后的老两口被儿女接去美国一起生活。可是，住了不到一年，李原就受不了了，一是适应不了国外的生活，二是想念在北京的老朋友。2012年春节过后，李原就和老伴儿一起回国了。

回国后的李原与老伴儿商量后，决定搬回原来单位分的老房子里居住。老房子虽然面积小，装修也陈旧了，但承载着太多的回忆，何况还有几位关系非常好的老伙伴儿也住在同一个小区里。可是，老两口住进去没多久，厨房和卫生间就开始漏水。起初只是渗漏一点儿，没什么大碍。后来，渗漏越来越严重，甚至要在房顶吊个塑料袋、在地上放小水桶接水，并且一到晚上就渗漏得厉害。

2012年7月，李原终于按捺不住了，找到物业公司。物业公司经过检测，认为水是从楼上渗下的。为了找到漏水点，李原在物业公司工程部工作人员的帮助下，掀开了厨房吊顶，发现楼上的下水管和屋顶衔接的地方有水渗漏。凭借经验，检修人员告诉李原，老房子漏水，很可能是防水层的问题。

李原老两口都是知识分子，待人接物很讲礼数。知道了漏水原因后，一个周末的午后，李原敲开了楼上邻居的房门。开门的是一位 20 岁出头的小伙子。听完李原的来由后，小伙子直截了当地说："您直接找房东吧，我们刚搬进来没多久。"李原心想：也是，老房子出租的多，找到房东好解决问题。

回到家，李原向老同事们打听后得知楼上分给了老刘。几通电话之后，李原联系上了老刘的儿子小刘。小刘告诉李原，房子在几年前就卖了，说不定又转手了，建议李原到物业公司或居委会查一下新房东。李原颇费周折地从居委会那里查到了新房东赵静的联系方式。第一次通话，赵静还比较客气，说最近工作忙，过些天去看看。可是十几天过去了，赵静一点儿动静都没有。李原又给赵静打了电话。这次，赵静有些不耐烦了："你们老年人就是事儿多，老房子渗点儿水是常有的事。再说了，去年你们反映漏水，我已经把卫生间又做了一次防水了，怎么还没完没了呢？"李原听了这话，有些摸不着头脑，便给美国的儿子李毅去了电话。原来，老两口搬来之前，房子一直交由中介公司负责出租。2011 年，房客就反映楼上漏水，李毅就委托中介公司找过赵静。几次交涉后，赵静在卫生间重做了防水。

既然新做了防水为什么还漏水呢？李原再次打通了赵静的电话。赵静很肯定地说："不可能再漏了，再漏也不是我的事了，该做的我都做了，找房客吧。"此后，李原再打电话，赵静都不接了。

法官查漏水源解纠纷

李原家的屋顶一直漏着水，吊顶因为长期浸泡都发霉了。这下，李原着急了。10 月中旬，李原找到居委会王主任，想通过居委会协调此事。可是，几番交涉后，王主任也无可奈何，因为赵静坚称责任已经尽到不再出面解决。无奈之下，李原只好将赵静起诉到法院，要求赵静按市场价格赔偿修复厨房和卫生间吊顶的损失，还要赔偿卫生费、搬移厨房和卫生间用品的劳务费，三项共计 6000 元。

立案法官了解情况后，考虑到这个案子涉及邻里关系，希望能通过调解方式解决。如果双方矛盾激化，判决后的执行工作也可能面临困难。立案法官拨通了赵静的电话。通过与赵静交谈,立案法官意识到赵静与李原之间可能存在误会。赵静一再强调已经重做了防水,可是李原家确实还在漏水。凭经验,立案法官认为漏水可能是房客使用不当造成的。像李原家这样的老房子,厨房挨着卫生间,既然卫生间不漏了,那应该是厨房有了新的漏水源。一般情况,漏水要么是由积水导致的渗漏,要么是水管漏水。厨房地面不会大面积淋水,如果有积水,可能是屋里设施漏水导致的,比如暖气、洗衣机等。事发时没到采暖季,就很可能是洗衣机漏水。

通过赵静,立案法官又联系了房客小马。最初,小马十分肯定地说卫生间不漏水。可当法官问他在哪洗衣服时,小马开始支支吾吾了。果然,小马将洗衣机挪到了厨房。而赵静只做了卫生间的防水,没做厨房的,洗衣机排水管排水不畅,存了积水,导致渗漏。事实清楚后,立案法官又把李原和赵静约到法院。赵静一听是房客擅自搬动洗衣机导致漏水,立刻提出质疑:房客给李原家造成的损失,应该找房客赔偿,不该告房东啊?立案法官详细地给赵静解释了相关法律规定以及权利义务对等的基本法律知识。赵静听后,主动表示愿意赔偿李原的损失,并尽快给厨房做防水,保证不再发生漏水现象。最终,在法院调解下,赵静赔偿李原2000元。(文/杨敬之)

宋鱼水评案:

邻里纠纷同样需要法治观念疏导

这起屋顶漏水案件是一起比较典型的适宜诉前调解或者诉讼中贯穿调解思想的案件。本案立案法官所做的工作并非单纯为调解而调解,更侧重于了解案件事实,为当事人做法律讲解工作。

本案的双方当事人是楼上和楼下的邻居,相邻关系人具有共同的利益和共同的义务,彼此之间也具有相互帮扶的需求、互尽义务的责任。相邻关系人一旦利益纠纷不能协商解决,势必影响居住生活的质量。因而,李原起诉赵静不仅是损害赔偿的问题，而且涉及双方行为的履行。将没有防水层的厨房用于洗衣服导致渗漏，该后果除了赔偿之外，侵权人(赵静)更应该尽到如何让后果不再发生的义务，在洗衣服的厨房增加防水层相比赔偿损失更重要。

调解的有效办法是抓住纠纷的主要环节。本案的立案法官一看是邻里纠纷，先进行了诉前调解，而且调解的路径较好，先查清了被告房屋系房客使用，后查清了漏水的真正原因是房客使用洗衣机的地点不当，最后依法有据地进行了调解。在纠纷的解决中，找到原因、确定事实真相是解决矛盾的基础。

那么，房主和房客谁该对原告李原承担责任呢？我国法律要求，首先保护受害人(被侵权人)的利益。所以，对业主(房主)的责任未予以免责。我国《物权法》第36条规定，造成不动产或者动产毁损的，权利人可以请求修理、重作、更换或者恢复原状；第71条规定，业主对其建筑物专有部分享有占有、使用、收益和处分的权利，业主行使权利时不得危及建筑物的安全，不得损害其他业主的合法权益。《合同法》第219条规定：承租人未按照约定的方法或者租赁物的性质使用租赁物，致使租赁物受到损失的，出租人可以解除合同并要求赔偿损失。依据《物权法》第36条、第71条的规定，被侵权人有权起诉业主。依据《合同法》第219条的规定，出租人(房主)在承担责任后可以向承租人(房客)追责。从受害人的角度考虑，受害人在起诉时证明谁是房主还是证明房主和房客谁是责任人，显然前者更合理一些、难度更少一些。特别是房产登记制度实施后，为受害人主张权利提供了查证的便利。侵权人可能是房主，也可能是房客。但无论是谁，法律重在填补被侵权人的损失，停止侵权行为，把风险分配给离风险最近的房主有利于尽量避免风险。本案中，李原和赵静最后握手言和是一种比较理想的结果，也是一种对法律的认同。

邻里纠纷同样需要法治的疏导。如果赵静在出租房屋时，在合同里提示防水层的地点，并提醒房客在防水层区域使用易漏水的洗衣机等家用电器，就会避免这起纠纷的发生。市场经济的发达让公民房产出租、房产买卖异常活跃，不稳定的邻里关系也让邻里纠纷此起彼伏。最大限度地保护邻里关系，还需要最大限度地宣传邻里法律知识，用法律创设邻里和谐。

No.30 “烤”来的健康权官司
——发票是消费者索赔的线索和证据

吃烤鱼 11 人煤气中毒

李平是一家科研机构的研究员，年近半百的他除了专心于科研，唯一的爱好就是和好友或同事小酌几杯，或谈工作，或说课题。

2013 年 3 月的一天中午，李平接到同事老周的短信：“单位附近新开了一家烤鱼店，我约了几位同事，晚上咱们一起去尝尝鲜。”这几天，恰逢李平负责的一项课题进入攻关阶段，连轴转的实验和评估搅得他头昏脑胀，正想找个机会放松一下，他便欣然答应了老周的邀请。

当天晚上 6 点半，李平准时步入烤鱼店，发现不大的店堂里烟气缭绕，鱼香伴着木炭的味道扑面而来。老周从排号等待的人群中挤了过来，对李平说：“这家店最近特别火，还好，我订得早，要不就没地方了。”说着，他把李平拉进了旁边的一个包间，几个先到的同事已经坐在包间里喝茶聊天了。李平看了看这只有几平方米的包间问老周：“咱们十来个人，就坐这么小的包间，是不是太挤了啊？”老周抹了一把额头上的汗，没好气地说：“您知足吧！没看见门口那些等号的？咱们有地方就不错啦！”

老周拿起菜单：“今天我请客，大家可别跟我客气，想吃什么尽管点。”众人七嘴八舌地提供意见，最终点了 4 份店里最具特色的烤鱼。一会儿工夫，热腾腾的烤鱼就陆续端上了桌。老周顺手带上门，嘴里嘟囔着："这家店什么都好，就是地方小、人多。把门关上，咱们清净清净。"

酒过三巡，席间的气氛达到了高潮。突然，李平感觉自己的心跳开始加速、呼吸困难，还伴有眩晕和恶心。一开始，他以为是因为最近工作太累，加上刚刚又喝了几杯酒，自己才会有这样的感觉。但是随后，其他同事也陆续出现了类似的症状，平时体质较弱的三位同事甚至还摇摇晃晃地倒在了地上。"难道是煤气中毒?"危险信号霎时在李平的脑海中出现。他强忍着恶心，踉踉跄跄地冲到包间门口，用尽全身的力气推开了包间的门，随后就扑倒在地，不省人事。

健康受损向饭店索赔

李平醒来时，发现自己已躺在急救中心的病床上。他用力转过头，看到躺在一边的老周，老周可能已经醒过来一会儿了，正愣愣地盯着自己。见李平醒来，老周咧嘴苦笑了一声："早知道这样我就不关门了，我还以为那包间里有排风扇呢，当时忙着招呼大家，都没注意看……"

经过医生检查，李平等11人均被确诊为不同程度的一氧化碳中毒。其中，5人是轻微中毒，只需在家服药静养即可康复；李平和另外5位同事则遵医嘱转到了其他医院接受高压氧治疗。

几天后，李平等人陆续痊愈，重新回到单位上班。大家在暗自庆幸的同时，也都不约而同地把矛头对准了烤鱼店的老板赵鹏飞。赵鹏飞在事发后，只是象征性地过来探望过大家一次，送了些水果，支付了一些初次检查的费用后便再也没有露过面，对后续的医药费和赔偿的事绝口不提。老周气不过了，第一个发声："晚上咱们就去找他，他家的包间那么小，还不装排风扇，这不是成心要熏死人吗!"大家都同意老周的意见，约定下班后在烤鱼店门口聚齐，一起找赵鹏飞讨个说法。

李平等人来到烤鱼店，向赵鹏飞说明了来意。谁料，赵鹏飞双手一摊，说："出了这样的事，我很遗憾。但是，我也没办法啊！烤鱼用的是木炭火，空气不流通的时候当然会产生煤气，这道理大家都晓得。你们当时要是不把门关得那么严的话，怎么会煤气中毒呢？出事之后，我们不光把你们送到医院，还免了你们的饭费、支付了急救费，已经算仁至义尽啦。现在，你们还找我要赔偿，是不是有点儿不讲道理啊？”

李平等人再三和赵鹏飞交涉，赵鹏飞却一口咬定自己已经尽到责任，不愿再承担额外费用。无奈之下，他们只好一纸诉状将赵鹏飞起诉到法院，要求赵鹏飞赔偿医药费、误工费和精神损失费共计6万余元。

诉前调解双方言和

立案庭法官在接到李平等人的起诉材料后，考虑到案件的事实情况比较清楚，诉讼标的也不大，在征得双方当事人的同意后，将案件转入诉前调解程序。

调解法官在听取了双方当事人的主张并审阅相关证据后，对烤鱼店忽视消费者人身安全的做法进行了批评，劝说赵鹏飞应当秉承诚信经营、顾客至上的宗旨，积极主动地承担合理范围内的赔偿责任，并建议其在今后的经营活动中，针对自身经营菜品的特点，及时为封闭式包间加装排风设备，以避免此类事情再次发生。

同时，法官又针对李平等人在诉状中所列的诉讼请求进行了释明：根据《侵权责任法》和最高人民法院相关司法解释的规定，只有侵权人的行为造成了严重的精神损害时，受害人的精神损害赔偿请求才能得到法院的支持。从目前的情况看，李平等人的情况显然未达到“严重”的标准。因此，法官建议李平放弃这部分诉讼请求，并考虑与被告协商解决此事。

经过法官的调解，5名未进行后续治疗的原告主动放弃了全部诉讼请求，李平和另外5名原告得到了餐馆老板共计9000余元的赔偿金。至此，这起因食用烤鱼而导致的健康权纠纷得到了圆满解决。（文/王旭东）

宋鱼水评案:

开具发票是一种规范守法的消费行为

这是一起在餐馆就餐引发的健康权纠纷案件。李平等11人本想到烤鱼店吃一顿大餐,没想到吃烤鱼要注意的事项还很多,在不了解在有木炭火的房间里需要通风的生活常识的情况下,不幸一氧化碳中毒,还因此形成受害消费者到法院起诉烤鱼店老板的案件。

本案中,李平等人到法院起诉的是健康权纠纷,他们的请求能够得到支持取决于两个方面:第一个方面是所诉被告烤鱼店老板认可此事,免除原告的举证责任;第二个方面是其所提供的证据充分。

在本案中,立案法官的调解工作还比较顺利。虽然在原告诉讼请求方面有难以支持的数额和精神损害请求事项,但在原告无法提供发票的基础证据时,被告还算诚实答辩,积极认可、解决问题。所以,在当事人的努力和法官的依法分析下,最终调解解决了这起纠纷。

通过本案,笔者希望餐饮业经营者能注意三大义务:一是危险防范义务。通风设备需要完备,有明显标志提示消费者注意通风。二是危险消除义务。要及时更新通风设备和包间设计,满足安全使用需求。三是发生损害后果的救助义务。积极救治是最大可能减少损失、防止生命危险的一种必要方式。

本案案例表明,经营者遵循上述义务不仅可以保护消费者,也可以防范自身风险。毕竟一旦风险发生,经营者不仅要履行赔偿义务,而且,严重损失产生时,相关的严厉处罚也会配套实施的。

同时,消费者也要有安全意识,提高自我保护意识的能力。损害后果发生后,消费者可以依据《侵权责任法》《消费者权益保护法》向服务者提出赔偿。但是,无论哪部法律、无论事后补救措施多么有利于消费者，都无法复原到未曾发生事故时的自己。对消费者而言，自我保护意识能力的加强永远是最好的方法。

这里需要特别提醒消费者的是，在我国的餐饮行业中，饭后结账、餐饮店开具发票是一种规范守法的消费行为。对消费者而言，发票是一种已经结账的证据，同时，也是事后发生问题时索赔的线索和证据。如果有问题，可以依据发票证明事实发生的时间、地点、当事人的名称、所消费的费用等。

尽管发票约束并保护当事人的民事法律关系，但很多消费者并没有把发票当回事，经常忽略开具发票的重要性，出了问题才会后悔当时没有索要发票，无法用证据保护其权利。而餐饮店在现实中也常常以“不开发票可获赠一瓶饮料”诱惑消费者不开发票。这在主观上属于餐饮店不诚实经营行为；客观上，不开发票会对国家管理、消费者权益造成损害，最终导致市场秩序的无序与商业诚实信用的破坏的后果，应该引起全社会的重视，以保护个人及国家的利益。

No.31 熟悉的侵权者

——合同书确认各方权利和义务是法治行为

好心销酒成被告

郑允、郑慧兄妹俩大学毕业后一直在家乡吉林市的一家酒厂工作。妹妹郑慧凭借自己掌握的营养学专业知识,与酒厂合作研发了一款营养酒。哥哥郑允一心想把妹妹研发的营养酒最大范围地推广出去。恰巧在一次同学聚会上,郑允遇到了毕业后就到北京工作的同学李民。李民告诉郑允,他在北京的朋友正好想在酒水饮料方面投资,如果郑允感兴趣,他可以帮着联系一下。郑允当然不会错过这个机会,回去后,他立刻把这个消息告诉了妹妹和酒厂。在与李民敲定了时间后,郑允带上两箱营养酒,随李民一起踏上了去北京的列车。

2012 年 10 月初,他们到了北京。郑允终于如约见到了李民说的神通广大的“沈经理”。在李民的介绍下,郑允知道了“沈经理”名叫沈昌,是一家投资公司的负责人。在饭桌上,沈昌表现出了对营养酒的极大兴趣,一会儿询问营养酒的配方和口感,一会儿又谈论起产品的包装。同时,沈昌也不忘介绍自己公司在销售代理方面的成功案例。郑允答应沈昌,只要沈昌帮忙将营养酒的销路打开,无论推销出去多少,沈昌都可以从货款中提成 30% 。

酒酣耳热之际,郑允从包中拿出纸笔,想着与沈昌就推销营养酒的事情立个字据。但李民却在旁边轻轻地碰了碰他说:“大家都是朋友,又是第一次见面,沈昌答应帮忙已经不容易了,如果突然写个字据显得对人家不信任。何况来日方长,日后直接签订正式的合同就得了。”郑允一想也有道理,遂放下纸笔。

回到酒厂一个月后的一天,郑允接到了沈昌的电话。在电话里,沈昌要求发 200 箱营养酒给他,并告知了收货的具体地址。挂了电话,郑允连忙按照酒厂的库存管理规定,填写了提货单、出库单等单据。不到一周的时间,整整 200 箱营养酒被打包运到了北京。

日子一天天过去,沈昌在收到货物后,既没有向酒厂报告营养酒的销售情况,也没有返回一分货款。眼看要过年了,酒厂要给工人们发奖金。为这事,厂长已经找过郑允好几次了。偏偏这时候,郑允联系不上沈昌了。听李民说,沈昌去日本开发市场了。就这样,又过了一个月,已经到了厂长给郑允下最后通牒的日期。厂长无奈地对郑允说:“厂子是乡亲们集资建起来的,现在 30 万元的货款拿不回来,奖金发不下去,我没法儿交代呀! 你要是再要不回货款,我只得到法院告你啦。”

果然,没过多久,郑允就收到了当地法院的传票,酒厂以买卖合同为由把他起诉了。2013 年 3 月,当地法院作出一审判决,判决郑允向酒厂支付货款 30 万元。

拿着法院的生效判决书,郑允想,货是发给沈昌的,推销的事也是委托沈昌办的,这 30 万元货款无论如何也轮不到自己出。但令郑允没想到的是,当他再次电话联系上沈昌,要求他要么退回 200 箱营养酒、要么支付 30 万元货款的时候,沈昌却说这批酒已经被李民提走了,和他没有任何关系。挂断电话,郑允当即决定到北京起诉沈昌。

口说无凭难证明

2013 年 4 月底,郑允到达北京后,第一时间来到法院立案庭递交起诉材料。郑允认为,沈昌作为营养酒的代销人,与自己建立了委托合同关系。在收到货物后,沈昌应及时报告货物的销售情况并在扣除代理费后返还其余货款。但事实上,沈昌在未经自己允许的情况下,擅自将货物转交他人,且没有返还货款,给自己造成了30万元的损失,应予赔偿。

立案法官在审查郑允的起诉材料时发现,虽然郑允主张其与沈昌之间是委托合同关系,却没有一份书面证据记载双方委托事项的具体内容;郑允强调货物托运单上收货人为沈昌,但实际上,在“收货人”签名栏处却为空白,而郑允也表示自己并不清楚货物究竟是谁签收的。为确定郑允与沈昌的法律关系,立案法官联系了沈昌。

第二天,沈昌来到法院。看了郑允的起诉书后,沈昌说:“我与郑允之间从未有过任何约定,更没签过委托合同。200箱营养酒确实运到北京了,可这是李民找的我,说有批酒他要放在北京,但一时找不到存放的地方,想让我帮个忙。于是,我就提供了托运单上的地址,用于存放货物。何况货物也不是我签收的,而且存放货物的地点与我也没有关系,那是我朋友崔豪的办公室。我一直以为酒是李民的。”

听了沈昌的话后,郑允沉默了,他不知道该用什么语言来形容自己的心情,有对沈昌的愤怒,也有对自己的懊悔。他忽然意识到,在委托沈昌推销营养酒这件事上,除了自己脑海中的印记和李民的见证外,似乎他没有任何能拿得出来的证据。而事已至此,李民也已经联系不上了。虽然立案法官对案件诉讼的风险进行了释明和告知,但郑允还是决定坚持起诉。

2013年6月3日,案件经审判庭审理后,驳回了郑允的起诉。(文/梁珊)

宋鱼水评案:

合同书确认各方权利和义务是法治行为

这是一起看似简单实际上却较难处理的经济纠纷。难点主要在于:其一,本案事实的确认没有书面协议;其二,本案法律关系因证据不足难以认定。

本案中,郑允应沈昌的要求将200箱营养酒以自己的名义从酒厂提货,并按照沈昌提供的地址进行了发货，真正的收货人不详。那么，与酒厂发生买卖关系的主体是郑允还是沈昌？按照郑允的叙述，真正的买方应该是沈昌介绍的收货方。但因沈昌没有给郑允留下证据，沈昌主张货物被李民提走，李民又下落不明，酒厂如果起诉真正的收货人是有法律风险的。为及时追偿货款，酒厂以郑允在提货单上签字证明买卖关系成立为由向郑允发起的起诉可谓依法有据，郑允在该经济纠纷中率先承担了法律责任。

郑允并非真正的买方，按照郑允诉称理由，其所提货物是受沈昌委托为沈昌供货。所以，郑允自然要起诉沈昌，诉由为委托合同关系。尽管沈昌并未像李民一样提取货物后下落不明，但沈昌不承认自己是委托人，更不承认自己是买方，货物不是他签收的。郑允既拿不出接受沈昌委托的证据，也没有证据证明沈昌接收了货物，判断郑允与沈昌之间存在委托合同关系的证据不存在，郑允的主张无法得到法律支持。

在证据取证困难的情况下，最好的方法还是要利用合同关系发生时的感情基础，最大可能触动双方化解矛盾。李民是沈昌的朋友、郑允的同学，按照常理，还是可以找得到的。费费周折能找到李民，应是解决本案的突破口。郑允可以发动同学找。沈昌也应给李明施加点儿压力，因为其与李民有涉嫌合同欺诈的嫌疑。总之，想尽办法找到李民做做工作，是解决本案的最好办法。

本案中，对郑允比较有利的线索是，货物是通过运输部门交货的，可以通过运输部门进一步查证真正的提货人，向提货人确认事实、追偿货物，或要求其支付价款。但根据“谁主张，谁举证”的原则，进一步的证据仍需郑允提举，并承担后果。本案证据如果表明货物发给沈昌并由其提取，沈昌应承担法律责任。货物若发给李民，由李民承担责任。货物若发给了第三方，法律关系还需要根据第三方的证据予以确认。在第三方不能举证的情况下，第三方有返还不当得利的义务。

一起简单的委托关系，出于好心却没有好报，郑允的难过可想而知。本案中，涉案的当事人不仅有熟人，也有熟人的朋友。在此，需要提醒读者的是，做朋友是有边界的。朋友是经济关系，应亲兄弟明算账。经济利益需要是非分明，这是因为大多数人在经济利益面前是难以慷慨解囊的。任何一种法律后果都面临法律风险和责任承担。用合同书确认双方的合同关系，明晰当事人各方的权利和义务，是一种做事规范的表现，也是一种对法律遵从、受法律保护的法治行为。笔者处理过很多经济纠纷的案件，比较南北文化差异，江南、广州一代商业文化比较发达，当事人容易把丑话说在前面，规范立据，规范做事；北方文化更多地体现一种义气，全凭道德约束，淡化法律保障，一旦出现大的风险，当事者不仅很被动，由于自身无力承担，简直是痛苦不堪。本案即是一个鲜明的例子。

No.32 门脸房易主后的房租纠纷
——租赁纠纷处理有三个关键问题

承租廉价门脸房

林凤霞是北京一所中学后勤部门的退休职工。1995 年,50 岁的林凤霞从学校退休后,与老伴儿一起过着平凡的生活。林凤霞的儿子中专毕业后,在北京郊区找了一个临时工的工作,几个月才回家一次。由于儿子收入微薄,林凤霞常常拿自己的退休金贴补儿子。其实,林凤霞和老伴儿的日子也过得紧巴巴的。由于身患尿毒症,她自己每月做透析要花费千余元,老伴儿也是一身的病,两人每月的退休金近一半花在了医药费上。

2005 年,从林凤霞的单位传来了好消息。学校为了解决退休职工的生活困难问题,准备将学校新建的一批门脸房租给退休职工。林凤霞一家的拮据情况,学校领导早就看在眼里,便将一处位置比较好的门脸房租给了林凤霞,只是象征性地收取了一些租金。林凤霞对学校的照顾很是感激,赶紧找到学校原来的同事帮忙打印了出租告示贴在门脸房的门上,并留下自家的联系方式。没过几天,给林凤霞打电话想租房的人络绎不绝。

经过老两口的"面试",最终,林凤霞选中了来北京打工的小伙子张磊。张磊 20 岁出头,为人诚恳老实,准备租门脸房开个烟酒铺。林凤霞觉得经营烟酒铺干净卫生,就以每月 3000 元的租金将房子租给张磊,房屋租赁合同一签就是 2 年。

张磊的生意越做越好，每月收入不菲，他总是能够按时预交下一季的房租，这令林凤霞和老伴儿很放心。林凤霞和张磊的合作很愉快，租房合同一续再续，一直签到2013年年底，房租也从最初的每月3000元涨到5000元。

门脸房易主陷纠纷

2012年年底，学校向每家租户发出通知，开始对门脸房收回并重新分配租户，要求有意向继续承租的租户在2013年5月30之前与学校重新签订合同，逾期视为放弃继续承租，须自动搬离。届时，学校将与新租户另签合同。

林凤霞接到通知后，跟老伴儿犹豫再三，一直也没有决定好到底还租不租这房子。张磊也看到了学校发的通知。他心想，眼下这生意正好呢，可不能出什么岔子。张磊找到林凤霞说："阿姨，这个房子您再续租一段时间吧，咱们合作的不是挺好吗，我还想再继续做这个生意。"林凤霞答应了张磊的要求。

谁想到，不知道什么原因，林凤霞错过了跟学校续签合同的时间。学校将房子租给了新的承租人陈强，并跟陈强签了租房合同。陈强见张磊还占着房子迟迟不搬走，就多次让张磊腾房。张磊也是满腹委屈："我把房租都交到2013年年底了，这还有多半年呢，我损失多大啊！"

在双方多次协商仍无法达成一致意见的情况下，陈强只好把张磊告上法庭，要求张磊腾房。经过法官的调解，张磊明白自己在法律上确实不占理，但又实在需要经营这个店面，就答应比照房租标准付给陈强剩下几个月的房屋使用费，陈强答应让他到2014年1月再搬走。张磊满腹苦水，眼看自己白白给林凤霞多交了3.5万元的房租，他不甘心辛苦钱就这样打了水漂，就找到林凤霞讨要。林凤霞坚持说："怎么能再退给你呢，你都跟我签过合同了，就得按照合同规定支付我房租，你愿意交给别人那是你的问题，跟我没关系。"听见这话，张磊不由心生怒火。考虑到3.5万元也不是个小数目，张磊只有把林凤霞告到法院，要求林凤霞退还自己多付的房租3.5万元，并赔偿自己的损失4000元。

法官调解化恩怨

法院在收到张磊案的起诉材料后,仔细了解本案的具体情况,考虑到本案事实情况较为清楚,林凤霞与张磊有着多年的房屋租赁合作关系,彼此之间信誉一直良好,认为此案具有调解成功的可能性很大,就将此案转入诉前调解程序。

调解法官在听取双方陈述后认为,本案事实较为清楚,法律问题也较为明确。自2013年6月开始,学校已经将房屋收回,林凤霞并未与学校对该房屋续签租赁合同。因此,她已不是该房屋的合法出租人,无权将该房屋出租。对于2013年6~12月的房租,林凤霞无权再收取。此外,由于陈强已成为该房屋的合法出租人和转租人,张磊已将其6~12月的房屋使用费付给陈强,林凤霞应将其无权收取的租金退还给张磊。为此,立案调解法官向林凤霞进行了耐心的阐释。林凤霞向法官吐露心声:“我确实不懂法。现在,我明白我不退这个租金确实不合法。不过,3.5万元不是笔小数目,我当时真是一时没转过这个弯儿来。我现在同意将房屋租金返还给张磊。”

对于张磊主张的损失部分,法院也对张磊进行了劝解:“林凤霞一家生活并不宽裕,他们年事已高,加上不明白法律规定,并不是故意违约。你们两家合作了这么多年,你所主张的损失部分是否可以考虑放弃,只要求返还租金?”经过再三考虑后,张磊同意放弃损失的诉讼请求。

最终,经法官调解,双方达成协议,林凤霞返还张磊3.5万元房屋租金。双方终于握手言和。(文/方洁)

宋鱼水评案:

租赁纠纷处理有三个关键问题

这是一起租赁合同纠纷。在处理这样一起纠纷案件中,需要把握三个关键问题:

一是对案件事实的确认,这是解决问题的事实基础;二是对案件法律问题的判断,这是解决问题的法律理由;三是对双方争议焦点的把握,抓住主要矛盾解决问题。

在对案件事实的确认问题上,这起案件的事实问题并不十分复杂。林凤霞作为学校经济困难的退休教职员工,从学校廉价拿到该门脸房后,一租就是7年多,与张磊的租赁关系一直处于稳定状态,直至她与学校合同解除。所以,林凤霞疏忽了与学校租赁合同关系的重要性。然而,问题就出在“疏忽”上。尽管张磊一再焦急地提醒,但是,林凤霞没有重视此事。其结果就是学校将房屋重新出租,林凤霞不再是承租人。因而,张磊无法继续使用该门脸房。

本案涉及两个比较大的法律问题。第一,学校是否有权发布通知要求续签合同。答案是肯定的,这是因为出租方在合同到期时有权作出新的选择。合同期满,出租方是否续签协议取决于出租方的意愿。具体到本案,学校将门脸房出租给多名教职员工,这些教职员工又转租出去,学校重新续约有利于健全租赁合同关系,确保履约过程中的各种风险以及采取各种防范措施,其行为并不违背我国法律规定。然而,像林凤霞这样的懂知识并不懂法律的人,学校应该灵活对待,即当面征求林凤霞的意见,以免让其丧失现实利益,也可以避免她与张磊之间的矛盾。能廉价租到门脸房,林凤霞本来是非常感激学校的,但这次失去续约机会令其心里感觉不平衡。虽然这个法律后果是她自己造成的,但事实上,她还是会埋怨学校做工作不到位。第二,解除合同的后果。根据我国《合同法》规定,合同解除一般带来三个后果:一是恢复原状,二是清理债权债务,三是支付违约金或赔偿实际损失。租赁合同案件,法律上的解除和事实上的解除总是不完全一致的,这是租赁合同看似简单实际处理起来极其复杂的原因。就本案而言,校方在与林凤霞解除协议时,最好的方法应与林凤霞办理交接手续,让林凤霞限期交回房屋,与林凤霞债权债务清理后再另行出租,这样就会避免纠纷。但学校做得并不规范,只是在形式上与林凤霞解除了协议。但在实际上,该房的承租户张磊还处于经营状态中,导致问题复杂化。

本案最终以调解结案。审判实践中,很多租赁合同案件之所以用调解的方式解决，是因为调解在处理这方面的问题时更有弹性，有利于让双方尽量避免损失，让损失减少到最小。本案法官在当事人均有调解可能性的幅度内为当事人提出操作建议：一是金钱方面的退赔结算数额；二是房屋交付方面的主动履行，避免强制腾退导致的矛盾激化。在法院的工作下，双方解决问题仅针对多收取的房租，一方当事人张磊不再主张其他违约问题，且张磊与陈强实现了平稳退房。

No.33 动物伤人，连环责任谁担？
——宠物惹祸背后的规则和管理能力

狗偷肉，人撵狗；狗撞鸡笼，鸡伤人

已退休在家的王淑琴怎么也没想到，与自己作伴儿的大黑狗会给自己惹来一场官司。

2012年年底，王淑琴办理了退休手续。她的老伴儿去世得早，子女们平时工作忙不能常陪王淑琴。孝顺的孩子们担心母亲一个人在家寂寞，就给她买来了一只大黑狗作伴儿。王淑琴对大黑狗宠爱有加，她给它起了个可爱的名字——黑仔。

由于黑仔刚到王淑琴家不久，王淑琴没来得及到当地派出所为它登记，也没有领取养狗证。但这不影响王淑琴每天都带着它去菜市场买菜遛弯儿。

2013年3月中旬的一天上午，王淑琴照常带着黑仔来到老林的肉铺买肉。就在王淑琴挑肉的时候，黑仔突然跃起，叼走了老林挂在屠宰板下的一大块肉。王淑琴连忙制止，她大声喊："黑仔，快放下！"但黑仔却充耳不闻直奔市场门口而去。

老林见状，丢下手中的切肉刀，随手拿起一根木棍就向黑仔追去。没想到，黑仔在逃窜过程中撞开了小珠家的鸡笼。瞬间，五六只鸡拍打着翅膀冲出笼门，扑向正巧在此路过的年逾七旬的李爱娣。因为没料到鸡群会扑过来，李爱娣心里一惊，赶忙向一旁躲闪。然而，迟缓的步伐非但没让李爱娣躲过迎面而来的鸡群，反而使她在情急

之下一脚踩在了松动的下水道地砖上，重重地摔倒在地。小珠和王淑琴见状赶紧去扶李爱娣，李爱娣摸着伤处摇头说："别碰我，我这儿疼得动不了了。"王淑琴赶紧拿起手机拨打了 120 急救电话，小珠则给疼得直打哆嗦的李爱娣擦汗。

不一会儿，黑仔瞪着无辜的眼睛回到王淑琴身边，老林也急匆匆地赶回来了。看到这般情形，老林建议："咱把老太太抬到桌上吧，别让她坐在地上了。"王淑琴立即阻止道："不行，老太太没准儿伤着骨头了，这一抬别再把伤势加重了，咱就在这儿等急救车来吧。"就在这时，小珠突然反应过来："哎哟，我的鸡。"说完，她急忙满市场找跑散的鸡去了。

不久，120 急救车赶到现场，几名医务人员用担架将李爱娣抬上车，王淑琴也随车到了医院。医院检查结果显示，李爱娣臀部挫骨脱节。在住院治疗两个月后，李爱娣出院了，前前后后一共花费了医疗费 1 万余元。

追狗人、养狗人、养鸡人共同担责

李爱娣出院后，李爱娣的子女找到养鸡人小珠要求其赔偿。小珠一听急了："我的鸡还被撞飞了呢，我也是受害者呀！再说了，这一连串的事件都是因为老林追狗造成的。"然而，追狗人老林也有自己的说法："我是因为狗偷吃肉铺的肉才去追狗的，撞开鸡笼的是狗，你应该找养狗人要赔偿呀！"王淑琴听说让自己赔偿，也是一肚子委屈："老太太出事当天，我还陪着去医院了呢。我好心对待老太太，非但没得到感谢反倒被追责。话说回来了，直接撞伤老太太的是鸡不是狗，要找就找养鸡人去。"

见三方都推卸责任，无奈之下，李爱娣的子女代理母亲将老林、王淑琴和小珠一并起诉至法院，要求三被告共同赔偿李爱娣的经济损失。

立案法官在收到起诉材料后，与原告进行了沟通，在征得同意后，将被告约至法院进行调解。李爱娣的子女认为母亲当天很正常地走在去市场的路上，并无过错，造成挫骨脱节的损害结果应由致害人承担赔偿责任。但在谁是本案的致害人及本案的赔偿责任应由谁承担的问题上，老林、王淑琴和小珠各执己见。王淑琴和小珠都认为赔偿责任应由追狗人老林一人承担，因为老林肉铺上的肉被狗偷吃后，他本应依法向狗主人王淑琴索赔，但他却追狗出气，显然有主观上的过错，而且客观上也导致损害结果的发生。所以，应由他一人承担全部赔偿责任。老林则认为应由王淑琴和小珠分担，因为自己追赶狗的目地在于追回自家卖的肉，因此，自己对该行为引起这一连串事件乃致损害结果发生根本无法预见。所以，赔偿责任应由动物的饲养人小珠和王淑琴共同分担。

李爱娣的子女认为应该将追狗人、养鸡人、养狗人列为共同被告，按各自责任大小分担赔偿责任。理由是：首先，养狗人王淑琴无视公安部门关于严禁饲养大型家犬的规定而造成了损害结果，应当承担民事责任；其次，养鸡人小珠主观和客观上都有违反菜市场关于不得贩卖生禽的规定，也应承担民事责任；最后，追狗人老林明知偷吃肉的狗是王淑琴饲养的，本应该依法向王淑琴要求赔偿，但他却追狗以致造成被害人的损害结果，主、客观上都有过错，当然应作为本案的共同被告承担应有的民事法律责任。

调解法官在听取各方的意见及主张后，先对王淑琴忽视安全隐患而遛狗的行为进行批评，劝说王淑琴应当在办理相关的养狗证并在拴好狗链的情况下方能遛狗。随后，法官又对李爱娣及其子女的请求和相关法律规定进行了释明，根据我国《侵权责任法》的规定，饲养的动物造成他人损害的，动物饲养人应当承担侵权责任。若因第三人的过错致使动物造成他人损害的，受害人可以向动物饲养人请求赔偿，也可以向第三人请求赔偿。动物饲养人赔偿后，有权向第三人追偿。所以，李爱娣应该要求老林或小珠进行赔偿。若小珠单独赔偿，老林也有过错的话，小珠还可向老林追偿。考虑到李爱娣已经康复，主张的医药费用并不高；被告的过错又并非出于故意，有情可原；加之各方均有调解的意向，因此，立案法官建议原、被告和平协商解决此事。

最终，在法官多次耐心调解下，老林、王淑琴和小珠愿意共同负担李爱娣的医疗费，而李爱娣只要求赔偿基本的医疗费用，案件得到圆满处理。（文/潘宇）

宋鱼水评案：

关键在于培养管理宠物的自觉意识和能力

这是一起饲养动物损害责任纠纷，纠纷的起源是宠物。在城里，饲养宠物狗的家庭越来越多。宠物的大量出现对社会管理提出了更高的要求。提起宠物管理，人们会想到很多地方相继出台了养犬规定以及宠物造成损害所应承担的相关法条，但真正的管理还在于人们的自觉。假若任何一户饲养宠物的家庭都能够像爱护宠物一样爱护公共场所的卫生，爱护他人的财产，那么，人与人之间、人与动物之间的相处就会更加和谐。所以，关键的问题是，人们在养宠物之前，要进行宠物知识学习，要培养管理宠物的自觉意识和能力。

本案的导火索是王淑琴家的狗偷吃老林家的肉，老林没有与王淑琴论争，而是迫不及待地去追狗。结果，狗没追上，狗又惹了鸡，鸡导致李爱娣受伤。造成李爱娣臀部挫骨脱节的直接因果关系和责任是追狗人老林，但王淑琴和小珠该不该承担责任是本案争议的焦点。通常而言，第一步，应该进行责任区分，即根据有无过错判断责任主体；第二步，分析按份责任还是连带责任。前者，根据责任大小承担；后者，对外承担共同责任，并有权行使追偿权。实践中，按份责任与共同责任最大的不同在于债务人偿付能力的不同，后者比前者更容易保护受害人。所以，原告在选择时会把所有与该事件有关的利害关系人一并作为被告诉讼到法院，希望谁有能力谁承担。

法律上对因果关系的界定是直接因果关系。本案中追狗人与李爱娣的直接因果关系相对好确定一些，原告会首先选择追狗人赔偿。但是，养鸡人、养狗人与原告是否具有直接因果关系则存在不同意见。根据我国《民法通则》和《侵权责任法》的相关规定，动物造成的直接损害由其饲养人或者管理人承担。本案中，养鸡人和养狗人对其饲养的动物承担责任是法定的。但该不该承担责任、是否为直接的因果关系，需要分析各方的观点是否成立。追狗人老林说，应当找养狗人；养狗人王淑琴说，直接撞伤原告的不是狗而是鸡；养鸡人小珠认为，我的鸡也被撞飞了，我也是受害者。对此，调解法官在听取各方的意见和主张后，是这样向当事人分析的，李爱娣应该要求老林或小珠进行赔偿；若小珠单独赔偿，小珠还可以向老林追偿；若老林承担责任，老林还可以向王淑琴追偿。如果各方均有调解的意向，建议原、被告协商解决此事。结果，经法官调解，被告愿意共同负担李爱娣的医疗费，双方达成调解协议。

No.34 藏在儿童服装里的猫腻

——依重要证据获得“双倍赔偿”

买儿童服装被忽悠

家住北京市海淀区的程红是一家网络公司职员。大都市快节奏的生活，令终日忙于工作的程红直到35岁才初为人母。在2013年，她的女儿3岁了。

随着入夏后天气一天天变热，程红从柜子中找出女儿去年穿的裙子，却发现很多都已经小了。程红开始上网浏览销售儿童生活用品的网站。网站上的儿童服装真不少，不同年龄、不同款式，应有尽有，程红一时挑花了眼，不知买哪件好。俗话说，眼见为实，程红想，还是去商场买吧，这样可以真实地看到衣服的质量。

2013年6月一个星期天上午，程红放下繁忙的工作，来到家附近的一家大商场给女儿买衣服。程红刚到童装专柜，各个品牌的导购员就开始热情地给她介绍自家的童装。其中，一位童装专柜的导购员介绍得十分详细，而且程红也很喜欢这家专柜的童装样式。这位导购员极力为程红推荐自家的一款儿童衣服，她介绍说：“这是今年最新流行的款式，而且面料是100%纯棉，小孩子穿起来非常舒服，价格还很实惠。”程红看了看这款衣服，是一件女孩儿穿的吊带裙，样子和面料感觉确实不错。“现在购买我们家的衣服，还有抽奖活动，买2件以上的商品还可以打8折。这个促销活动只有三天，今天是最后一天。”导购员继续说。程红听了导购员的话，心动了。

觉得现在正是买衣服的时候,机不可失。于是,程红就从这家专柜买了2件吊带裙和3件小裤子,满心欢喜地回了家。

回家后,程红立刻给女儿穿上新买的衣服。看着女儿穿上新装宛若一位小公主,程红心里高兴极了。可是没过几天,问题出现了,女儿总说身上痒。程红扒开衣服一看,女儿身上出现红肿。女儿每天都洗澡,而且也没有小虫叮咬,怎么会红肿呢?找了一圈原因,最终,程红想到了女儿穿的新衣服,难道是衣服出了问题?

向商家索赔遭冷遇

随后,程红来到那家商场,找到柜台的导购员。导购员像上次一样,满脸堆笑并热心地跟程红打招呼。程红直接说明来意,说上次买的衣服,女儿穿上后身上出现红肿,怀疑衣服不是100%纯棉制品。

"这绝对不可能。"导购员听完程红的话,斩钉截铁地回答,刚才还堆在脸上的笑容瞬间不见了。程红和导购员你一句我一句地争吵起来,可争了半天,还是没有说法儿。程红决定找商场经理投诉,可是,她怎么也找不到经理。

商场推脱责任的行为实在让程红很生气。可话说回来了,女儿身上的瘙痒是不是衣服惹的祸,衣服到底是不是100%纯棉的,程红也没有确凿的证据。没有权威机构的鉴定意见,商家不承认也很正常。想到这里,程红觉得还是先找专业机构对衣服进行鉴定为好。

程红拿着新买的衣服来到一家监督检验站。检验结果很快就出来了,童装面料根本就不是100%纯棉,除了棉外,还有聚酯纤维、绵纶等其他化学成分。

程红拿着鉴定结果再一次找到商场,与商家理论,结果更令她失望。开始时,商家同意赔偿;可到该兑现时,商家又改了口,不给钱了。

程红对商家的态度又气愤又无奈。考虑再三,她决定拿起法律武器维护自身合法权益。2013年8月初,程红一纸诉状将商家告上法庭,要求商家退货,返还购货款600元,并按购货款的1倍标准赔偿自己,共计1200元。

起诉至法院得赔款

立案法官接过程红的诉状，认真地进行审查，认为符合立案条件，决定受理。同时，法官认为，这是一起侵犯消费者权益的案件，可以采取诉前调解的方式审理。法官决定通知双方来法庭，通过协商的方式将此案妥善解决。

立案的第二天，接到法院通知的商家马上派人到法院领取起诉书，并委派律师处理此案。法官认为双方已经有了调解的基础，决定进一步开展工作，查明案件事实，促使双方和解。程红将购物小票和鉴定机构的鉴定书提交给法庭，法官将这两份证据交给了商家的律师。事情越来越清楚，商家在两份重要证据面前，也不再抵赖，承认所售商品确实存在瑕疵，给消费者的合法权益带来侵害。事实已经无异议。

基于这一事实，法官与商家委托的律师进行了一次面谈。法官指出，消费者为生活消费需要购买、使用商品或者接受服务，消费者权益受法律保护，因此，给消费者造成损失的，应当赔偿损失，并且按照消费者的要求增加赔偿其受到的损失。同时，商家还应该认识到，其行为不仅要承担法律责任，而且还会给其经营带来不利后果。通过与法官的面谈，商家清楚地明白，如果这件事情不能更快地妥善解决，有可能影响商家的信誉，进一步影响商品的销售。

考虑再三后，商家接受法官的调解，并认识到自己的过错，为程红办理了退货，并按程红的要求双倍支付货款，共计 1200 元。

一起侵犯消费者合法权益的案件，在法官的主持调解下得到圆满解决。（文/范芃）

宋鱼水评案：

消费观念直接影响厂家的生产心理

在我国，出现了一个很特殊的现象：一方面，实行计划生育政策，儿童总人口得以有计划地控制;另一方面,儿童消费品的价格、质量都处在极其火爆的时期。在这样的背景下探讨儿童消费观念和生产观念,也许会更有利于思考问题和解决问题。

儿童消费,首先是家长的消费观念问题,健康的消费观念直接影响厂家的生产心理。如果消费者的消费很浮躁,厂家的生产必然会投其所好,非正常的生产销售商、供应商会不断地充斥市场,为消费者带来难以甄别真假的产品。在改革开放前,家里孩子多,儿童商品不仅紧缺,而且家长的消费实力也很有限,所以,儿童商品价廉物美,家长的消费宗旨只有一个:穿剩下的或者穿最便宜的。现在,商家和家长的消费观念在市场经济环境下均被打破,即使在不很发达的农村地区,孩子也极少穿剩下的衣服。在一般家庭中,孩子的地位飙升,为孩子购买东西,家长都愿意选择最好的。那些殷实的家庭,更是商家极力拉拢的顾客。

正因如此,儿童消费膨胀转化为生产厂家的膨胀,产品价格飞涨,儿童产业链出现与我国生产实力并非完全匹配的生产市场。所以,现在人们面临的问题不是穷了以后怎么办,而是富了以后怎么办。人们需要广泛探讨健康的儿童消费,为儿童带来真正的利益。价格低廉,肯定是次品、假冒伪劣商品。但价格高也不排除次品、假冒伪劣商品。只有消费观念的变革,才能从根本上抵制商家的利润观,增强商家的社会责任感。

儿童商品出了问题,人们会很自然地把责任推给商家和管理者。显然,管理者没有有效控制生产渠道,让给儿童身体带来危害的产品流入市场。

我个人认为,服装业的产品升级是我国市场经济发展的大势。品牌产业不仅涉及产品的质量,还涉及源头的规范使用。我国的服装业在利用资源方面应尽量节俭,在竞争力方面应稳步提升。如果在生产环节能够有效杜绝假冒伪劣产品的生产,在销售环节即不成问题。确保每位家长买不到假货,特别是有损儿童健康的假货,最重要的措施是对生产环节的监管。对此,执法单位在执法过程中应体现法律的刚性,一经发现,一查到底,对生产、销售假冒伪劣产品的商家绝不手软,司法也可发挥司法建议的作用。

儿童服装产品质量的保障，依赖于全社会的管理和文明的进步。人们确保一家一户一个孩子，至少要确保孩子们在成长的过程中不被衣服之类污染身体。企业的生产良心需要呼唤，全社会的监管体系更需要有力度，而每一位孩子家长应该树立正确的购物价值观和自身保护意识，以抗衡生产厂家的不当得利，与消费渠道形成良好的制衡。

No.35 翡翠挂件摔裂，由谁担责？

——法官的自由心证基本符合当事人的期许

玉石一直是收藏爱好者的挚爱，加之女性对佩戴玉石的偏爱，令玉石的价格一路飙升。然而，玉石娇气怕摔，一旦产生裂纹就身价大跌。所以，玉石的持有者往往倍加小心。皇城根下长大的赵莉莉就是一位玉石收藏者，她也因为玉石还摊上了一场官司。

翡翠坠地现裂纹

赵莉莉是北京一家外企的部门主管，对收藏物件颇为着迷。赵莉莉一直想为自己购买几块成色上佳的翡翠，为此，她没少往珠宝行、首饰店跑。买翡翠是要看缘分的，转了几家店铺，赵莉莉都没有遇到有“眼缘”的翡翠。

2013年7月中旬，赵莉莉听说某家大商场的珠宝类商品正在搞活动，优惠幅度很大，她便决定去碰碰运气。到了商场的珠宝专柜，赵莉莉便开始精挑细选起来。她来到美玉公司的专柜时，导购员小余非常热情，一个劲儿地请赵莉莉看看自家的商品。

赵莉莉还真看上了专柜里一个价值7万元的紫罗兰翡翠如意挂件。就在导购员小余去给赵莉莉取挂件的时候，赵莉莉的目光又被展柜里的一块冰种飘花的翡翠观音牢牢地吸引住了。“这块真美!”赵莉莉暗暗叹道。就在此时,小余已将如意挂件放到了赵莉莉面前的托盘上,而赵莉莉的目光还没有从翡翠观音挂件上收回来呢。机灵的小余见状立马说道:“您眼光真好,那是冰种飘花的,比这如意好上几个档次呢!要不,我拿给您看看?”

征得赵莉莉的同意后,小余便戴着白手套将翡翠观音挂件取出来,以便赵莉莉近距离观赏。这时,意想不到的事情发生了,这块观音挂件竟掉落到了地上。一时间,赵莉莉和小余都愣住了。

小余回过神后马上捡起了观音挂件并仔细检查。在灯光下,小余发现观音佛光处很明显地有了一道裂纹,这对于翡翠来说可是致命伤。小余不由得喊了起来:“这块翡翠标价可是15万元呀!”闻言,赵莉莉的心一下子揪了起来。

谁担责各执一词

由于这块翡翠价格较高,小余立刻叫来了商场的保安人员。可是,保安人员也不知道如何处理。于是,保安人员与值班民警取得了联系。在商场的保卫室,赵莉莉和小余就翡翠的摔裂过程给出了不同的说法。小余说:“我先把观音挂件从柜内取出放在了托盘上给这位女顾客看,之后,把之前放在托盘上的如意挂件摆回柜台里。等我一抬头,就看见那块观音挂件掉在了地上。我捡起来一看,上面有了一道裂纹。我刚刚跟公司总部联系过,公司回复得由这位女顾客按标价赔偿我们损失。”赵莉莉一听就急了,她说观音挂件是在双方递送的过程中不慎掉落的:“这事儿即便我有责任,也不应该全都由我承担啊!这位导购也有错。再说了,虽然这挂件标价15万元,但是,真正值多少可不好说。我不同意按标价赔偿!”虽然双方有一定争议,但经过各方的劝解,美玉公司和赵莉莉最终均同意私下协商解决此事。赵莉莉给小余写了一张字条,内容大致为:“今日在美玉公司专柜摔裂翡翠观音挂件一个(标价人民币十五万元),具体解决方法与美玉公司再商量。”赵莉莉将字条交给小余后便离开了商场。

此后的一个月，美玉公司和赵莉莉多次就赔偿事宜进行了沟通。但遗憾的是，由于双方的分歧较大，最终未能达成一致意见。无奈之下，美玉公司向纠纷发生地的法院提起了诉讼，要求赵莉莉赔偿其公司损失 15 万元。

法官调解未能成功

征得双方同意后，立案法官将美玉公司和赵莉莉共同约至法院进行了诉前调解。

调解法官向赵莉莉解释道，根据法律规定，损害他人的财物应该予以恢复原状或者折价赔偿。虽然赵莉莉对事情的发生并非出于故意，但是，也应该承担相应的责任。同时，调解法官也对美玉公司提出了建议，作为一家主营玉石产品的公司，在顾客选购这种光滑易碎又价格昂贵的特殊商品时，应该对顾客进行小心拿放商品的提醒。可是，在赵莉莉购买翡翠的过程中，美玉公司并没有尽到此项义务。因此，美玉公司对这件事的发生也负有一定的责任，应该吸取教训，避免损害再次发生。

听了法官的解释，双方情绪略微缓和了一些。对于如何赔偿，经过考虑，美玉公司提出，赵莉莉要么花 6 万元买走挂件，要么直接赔偿 3.5 万元。同时，为了证明这块翡翠的价值，美玉公司向法院提供了一份国家珠宝玉石质量监督检验中心出具的《珠宝玉石首饰鉴定证书》。赵莉莉则表示，鉴定证书只能证明翡翠是真是假，不能证明翡翠价值15 万元。对于一块有了裂纹的翡翠，自己自然是不想收藏了，赔偿3.5 万元也实在接受不了。

“我有不少玉类的藏品，让美玉公司挑选一个作为补偿行不行?”赵莉莉提出新的调解方案。美玉公司的代理人与公司沟通后，同意看看赵莉莉的藏品。几天之后，赵莉莉带着自己挑选的藏品与美玉公司派来的员工再次来到了法院的调解室。可惜的是，赵莉莉提供的几件藏品都未被美玉公司相中。由于对赔偿款的数额双方争议比较大，立案庭未能就此案调解成功，案件正式进入审理阶段。

2013 年 10 月初，法官根据赵莉莉和美玉公司在损害发生过程中的过错情况综合考虑，判决由赵莉莉向美玉公司赔偿人民币 3 万元。（文/石敏敏）

宋鱼水评案:

法官的自由心证基本符合当事人的期许

这起财产损害赔偿纠纷看似事实简单,法律确认却十分困难。翡翠观音挂件落地究竟是业务员所致还是顾客不慎摔落,这个瞬间发生的事实当事者各执一词,难以辨别。因而,其中的责任也难以判断。

本案中,由于顾客和业务员都未预料到翡翠会不小心落地,一方只顾推销,另一方只顾欣赏,彼此之间面对如此贵重的冰种飘花翡翠观音,竟然一时间忘记了它的娇贵。要知道,无论是推销者还是购买者,均是这个领域里的内行,事情发生在他们之间是一万个不应该,但却发生了!如果交易取决于当事人之间的信赖,解决问题仍然要取决于当事人之间的坦诚。本案被告赵莉莉为解决问题所留下的书面承诺是值得肯定的,其虽未承认翡翠摔落是自己的完全责任,但已直面此问题的存在并非与己无关,只是希望在价格、责任分担方面合理解决,并提出了商场不能免责的辩称理由。

本案认定了双方的责任。严格来说,无论认定哪一方的责任,用证据取胜都很勉强,此案不属于"小葱拌豆腐一清二白"的那种案件。本案的焦点是该责任原、被告如何分担。这类案件调解解决是最好的解决办法,因为双方要取得最大限度的谅解才能真正化解矛盾。实践中,这类案件又特别难以调解。原因在于,法官与当事人之间以及双方当事人之间均难以让任何一方妥协,因为让步总要建立在事实的基础上。含混不清的事情该哪一方让步?所以,调解不是和稀泥,事实越清楚的案件越容易调解,事实难以确认的案件取决于双方当事人之间的经济思维和彼此最大限度的谅解。当发生的问题不清楚时,当事人双方应该把重点放在解决问题上,最大限度地总结经验教训,避免类似问题的再发生。严格来说,本案作出的裁判,在事实确认、责任认定、价格确认等方面进行了综合考虑,法官具有一定的自由心证,也基本符合当事人的期许。

本案的发生也暴露出商场的管理仍需要完善。对商场而言，顾客即上帝，意味着处处为顾客着想，不仅要考虑顾客买到价优质好的商品，而且还要考虑不要给顾客平添不必要的损失。因为顾客也不是故意损坏商品，商场应对顾客做到足够的提醒。

法律不是万能的。虽然它能裁判纠纷，但真正要避免纠纷，还取决于商场和顾客之间良好的愿望得以实现。

No.36 买房难过户引纠纷

——从交易角度看，“明知”是一种风险

房产是近几年人们热议的话题，法院受理房屋纠纷的案件也呈现上升趋势，房屋买卖尤其是二手房买卖问题最多。在一家上市公司工作的李慨就经历了二手房买卖的困扰。

购买无产权房留隐患

到了适婚年龄，李慨需要购买一套房子。在中介公司的介绍下，他看好了单位附近的一套两居室学区房。经过多次协商，2007 年 7 月 20 日，李慨与房主张方签订了《房屋买卖合同》。合同约定，房屋总价款为 90 万元，分三次付清；在政策允许该房屋自愿买卖后，出卖人应当配合买受人从允许买卖之日起 30 日内将房屋所有权转移到买受人名下。如果出卖人违反合同约定没有按时配合买受人办理过户手续，买受人可以选择如下任何一种处理方式：(1)退房，出卖人将已付购房款返还给买受人，并按照已付房价款的 6% 赔偿买受人损失，同时赔付买受人的装修损失；(2)买受人不选择退房的，出卖人按照已付房款的 2% 向买受人支付违约金。此外，合同还约定，如果买受人付清全部房款之日起 3 年内，无论何种原因(除国家政策原因)导致的所有权不能转移到买受人名下的，出卖人应当支付额外的赔偿金 10 万元。

合同签订后,张方将房屋交付李慨使用,李慨分两次给付了张方85万元。剩余5万元,两人约定等房屋过户完毕当天给付。

由于李慨所购房屋为张方学校分配的房屋,该房屋当时还未取得房产证,因此,一开始,该房屋未能办理过户手续。后来,该房屋取得了产权证。在李慨第二次付完购房款后,张方立即将房屋产权证书原件交给了李慨。至此,事情进行的还算顺利,只剩下办理过户和剩余房款的交付了。

房主反悔回购房屋

看着一天天上涨的房价,张方觉得当初卖给李慨的房子卖亏了。正好现在手头也需要钱,张方就打算找李慨商议将房子回购回来,然后再出售牟利。

2010年年初,张方找到李慨商议将房子购回的事。一开始,李慨不同意。但当张方开出比原购房款高出一倍的价钱时,李慨便松口了。

经过两人多次协商,李慨最终同意张方将房子购回,两人于2012年3月22日签订了《房屋回购协议》,约定张方将出售给李慨的房屋以200万元的价格购回。当时,因张方正缺钱,购回款无法直接支付。双方约定,先由张方出面将该房屋出售,等确定买家、收到购房款后,再由张方支付李慨回购款或者由新的买受人将回购款直接打给李慨。然后,李慨交出房产证、交款凭证等材料,配合张方和新购房人办理房屋产权过户手续。李慨在收到回购款后15日内搬出该房屋。同时,两人还约定,如果在回购过程中出现该房屋没能出售或者其他不能支付回购款的情形,该回购协议解除,双方之前签订的房屋买卖协议继续有效,双方仍受原合同约束。

该协议签订后,张方未向李慨支付回购款,李慨仍然在该房屋内居住。

由于张方未能向李慨支付房屋回购款,2013年2月22日,李慨找到张方协商继续履行双方2007年7月签订的房屋买卖合同的事宜。但是,张方提出,继续履行原协议可以,因为房价上涨,李慨应当加付购房款。为了尽快取得房屋产权,结束这不愉快的购房经历,李慨还是同意了张方的无理要求。

经过协商，李慨和张方重新达成原房屋买卖合同的补充协议，李慨在原购房款的基础上再加价 36 万元，张方收到款后积极协助李慨办理房屋过户手续，并于过户当日将之前剩余房款和此次增加的房款一次性支付给张方，之前签订的回购协议废止；双方同意，该补充协议作为双方买卖合同不可分割的一部分，同原合同具有同等的法律效力，原合同其他条款继续有效。

房屋涉案买受人受损

合同签订后，李慨就积极筹备款项。2013 年 4 月 7 日，一切准备就绪，李慨与张方到房管局办理了网签手续。同时，李慨支付了房屋的相关契税。但是，当要办理过户手续时，却被告知该房屋暂不能办理，原因是该房屋于 1 月 5 日已经被法院查封，无法办理。此消息如同晴天霹雳，李慨半天没有缓过神来。

原来，张方在与李慨签订房屋回购协议后不久，他就通过中介找到了新的房屋买受人王元，并于 2012 年 4 月 6 日与其签订了房屋买卖协议，协议约定王元以 280 万元的价格购买该房屋，并且约定了违约责任。协议签订后，王元向张方支付了购房定金和首付款共计人民币 175 万元，还向中介支付了中介费 5 万元。此后，张方未能按照约定将房屋过户至王元名下。王元经过了解才知道，该房屋还涉及产权纠纷。感觉买房无望，王元到法院起诉张方要求解除合同，返还购房款，并支付违约金。为了保证自己的权利不受损失，王元在诉讼中对该房屋向法院申请了保全措施，查封了该房屋。

了解这个情况后，李慨也向法院提起了诉讼，要求张方继续履行房屋买卖合同，协助其办理房屋过户手续并承担违约责任、支付违约金。诉讼中，李慨也申请了保全措施，查封了该房屋。

王元起诉张方解除合同、返还购房款和支付违约金获得了法院支持。由于张方没有能力给付，只能靠将涉案房屋出售来解决。因此，王元申请法院强制执行。目前，该案处于执行阶段。李慨起诉王元的诉请却没有完全得到法院支持，虽然法院认可该协议的效力，但考虑到该房屋已经被另案查封，只支持了其违约金的诉讼请求，驳回了其要求办理过户的请求。

至此，李慨已经居住5年多的房屋，由于另案查封在先，他终不能过户，只能向张方主张损失。（文/许京文）

宋鱼水评案：

从交易角度看，明知是一种风险

看完这个案例，大多数读者会对李慨产生同情心。那么，他的问题出在哪里？笔者想指出的是，这是一套交易时不能马上办理过户手续的房产。而这一点，买房人李慨是明知的。“明知”对买房人意味着什么？从交易的角度而言，明知是一种风险。如果这种风险能够促进交易进展顺利，房产自然而然地登记在李慨的名下，风险便得以化解。如果风险没有化解，李慨即成为风险的后果承担者，无论如何后悔，为时已晚。

立法的价值取向从来都鼓励交易，力促当事人的意志成为当事人合意中的法律，确保交易安全。根据房产交易的习惯，签订合同、办理登记是房产实现的必要环节。法律的明确含义是，既肯定前一个环节的效力，也肯定后一个环节的效力。唯有如此，才能够推动当事人诚实守信地履行承诺，实现合同目的。法律是一种利益衡量，在当事人违约时，面对各种利益的冲突，立法更强调登记效力。所以，当事人不仅要签订合同，真正的安全要取得登记。

法律是一种明令与疏导，法律问题的存在并非完全由法律本身造成，公民守法的过程会让良好的法律变成现实；反之，违法泛化的过程也会让善良的法律只能写在纸介上。由于房产利益巨大的波动性，不仅带来更多的冒险者，也带来更多的毁约者，本案即是一例。卖房人张方凭借卖房人的主动权，先是在价格上涨期违约，后又以回购为名让李慨无奈并失去最佳诉讼机会。当李慨越来越被动时，张方又趁机再卖此房，这使李慨5年的经济机会丧失殆尽，不仅损失经济利益，更是遭受巨大的精神折磨。

张方其人是应该引起社会高度重视的，因为他不善良、不诚信。善良人是要对其加以防范的。毋庸置疑，经济利益会改变人们的生活，财富已成为当今社会无法回避的生活标准。如果经济利益没有道德和法律的坐标，最终毁灭的是每个人的经济标准，是我们社会的价值坐标。

对一个案件的反思，法官们通常的建议是期待当事人尽量避免风险或及时选择法律制止违约人，以确保自身权利得到法律的救济。同时，道德与法律的并行发展才会让社会更美好。所以，笔者特别呼吁，勿要利欲熏心，诚信是最大的经济价值。在当今这个时代，人的品牌将会发展为最重要的品牌。为了自身在社会上的名声、名望，人们应该注重对品质的投入，做一个尊重法律、厚积道德的谦谦君子，让中华儿女内心的道德光芒辐射知识经济时代的产权人。

第四编

调解艺术

关于纠纷解决，当事人和法官的角色截然不同。对一名手握裁判案件大权的法官来说，如何才能胜任自己的角色，让自己面对海量的案件“当调则调，能判则判”，并非易事。其中一个需要突破的难点，便是自己的职业技能和对社会的认识——通过把握当事人的内心世界而让对方认同自己对案件所做的处理结果。

在这里，宋鱼水将她的经验和盘托出。

宋鱼水

No.1 一起“高难度”民事案件的调解过程

这是一起法律关系并不复杂的案件,但是,由于一方当事人安某边诉讼边闹访,让案件变得棘手起来。

在一审诉讼期间,安某就经常到法院闹访,他曾扬言要到天安门广场自焚。二审法院将案件发回重审后,安某一方面通过增加赔偿数额不断变更诉讼请求,以达到不同意解除土地承包合同的目的,另一方面要求派出法庭的审判人员全庭回避。

安某夫妇的口音很重,加之他们没有文化并情绪激烈地称自己就是“一农民”,法官与他们之间既没有交流的可能,也没有指导其诉讼的可能。这样一起案件,给法官的案件审理工作带来了极大的困难。

这起难度极大的案件,被北京市海淀区人民法院纳入了需要尝试攻克的疑难案例之列。本案的主管院长是宋鱼水,承办法官叫汪懿,接待书记员是高庆。

案情

安某是河北人,他在年轻时到北京谋生,至其因为承包纠纷到法院打官司时已50多岁了。

事情的经过是这样的——

2000年,北京市海淀区某村委会将20亩土地及一块三角地承包给了沈某。2004

年,沈某将其中的一块三角地转租给了安某,租期为10年。安某承包该土地后,在土地上轮种玉米和大白菜,定期拉到附近的早市出售。

在5年之后的2009年3月,上述村委会与沈某解除土地承包合同。同年8月,村委会将改造附近道路所需的砂石料堆放在了三角地内,相关部门还在三角地上架起了一座信号塔。2009年10月,安某以村委会侵犯其土地使用权为由将村委会告上法院,主张村委会解除与沈某的合同是违法无效的,故要求村委会清理该土地上的砂石料,拆除信号塔,恢复原状,找出地界顺延合同,赔偿其经济损失2万元。村委会辩称,其与沈某签订的土地承包合同中约定,如果承租方向第三方转租、转让土地使用权,出租方有权解除合同并收回土地。由于承租方沈某在村委会不知情的情况下,擅自将三角地转租给了安某,故村委会按照合同约定与沈某解除了土地承包合同;在三角地内堆放砂石料、建信号塔也是在解除合同以后,因而不同意安某的诉讼请求。

经审理,一审法院判决村委会赔偿安某1.2万元并驳回了他的其他诉讼请求。判决下达后,安某不服一审判决,上诉至北京市第一中级人民法院。二审法院在审理此案后,认为本案的争议焦点在于安某是否基于合法有效的合同关系享有土地使用权,村委会解除合同是否合法。因此,本案的定性应为“农业承包合同纠纷”,而非侵权纠纷,在法律适用上应依据有关农村土地承包、转包、转租的相关规定予以处理。另外,沈某与本案有直接的利害关系,应追加其参加本案诉讼。

基于上述理由,二审法院于2010年4月将该案发回重审。

本案的问题和难点

1. 本案的第一个难点是回避问题

根据我国《民事诉讼法》以及相关司法解释的规定,安某要求派出法庭全体法官回避无任何法律依据。一名负责相关工作的法官在进行相关工作时发现,有两个理由不能同意安某的回避申请。一是法律上无依据,二是各庭应担当本庭所办理案件出现的困难,防止对信访案件互相推诿扯皮的问题出现。所以,在接到安某的回避申请后并未予以支持。但这一决定更加激起了安某的不满，此后，他每天到海淀法院本部来一趟，来了就要求主管院长接见，达不到目的就不离开法院。

这样一来，由于主审法官在派出法庭，法院本部没有了解案情能够接待安某的法官。于是，为了阻止他到法院喊叫、吵闹，也为了消除焦躁不安的情绪，主管院长宋鱼水只好多次与他交谈。

实事求是地说，该案被发回重审后，派出法庭非常重视。他们不仅做了认真的准备工作，而且安排了庭长、副庭长来应对这起案件。但是，因为派出法庭离被告村庄太近，在原审的审理中安某的诉求又没有得到满足，所以他一点也不信赖派出法庭。

在苦口婆心地与安某进行了几次交流依然不见成效的情况下，宋鱼水深感“在程序问题上如果不能取得当事人的信赖，成本太高了”。在这种情况下，她当机立断，安排海淀法院民二庭性格温和的汪懿法官来处理该案件。

2. 如何让安某具备诉讼能力

有20多年案件审理工作经验的宋鱼水深知，当事人诉讼能力弱将会带来很多问题，对安某这个闹访的当事人来说，最好有律师代其处理案件。但是，安某请不起律师，而宋鱼水又不可能为他指定有偿代理案件的律师，思来想去，她想到请北京一位在全国知名度很高的公益诉讼的模范律师出面。在宋鱼水亲自打电话请他“无论如何帮个忙”时，该律师爽快地答应了，说派两个人先听取情况。

律师与安某的交流情况却事与愿违。对安某增加的诉讼请求和要求诉讼的理由，律师从法律的角度分析后觉得站不住脚，把道理讲给安某，他却一点都听不进去。在一天半时间的接触中，律师们还请安某吃了一顿饭，但安某的想法丝毫不曾改变。最终，律师与当事人之间的法律分歧导致他们无法合作，用律师的话说：“律师都认为当事人无理怎么能代其诉讼呢？”

宋鱼水不得不接受这个现实：有一些当事人，自己不懂法，还会以为法官和律师也未弄懂法律。这是法官必须面临的一个棘手的问题。由于没有律师的专业指导与盲目诉讼导致的疏漏是无法补救的，所以，宋鱼水所做的第二个努力是请接待安某的两位律师旁听此案的庭审,能为安某出一点儿主意。但是,安某的防范心理太强了,他坚决不同意这个方案。

在保护安某程序权利未果的情况下,审理此案的汪懿法官做出了两个决定,一是每周固定接待安某两次,二是到现场勘验丈量,尽可能全面地了解案情。安某对汪法官的接待和细致还是认同的,但对汪法官来说,不可能越过合同约定和法律规定处理此案。该案的案情表明,安某继续履行合同的前提是必须证明沈某有权转包土地,他的诉讼请求从2万元增加至三四十万元也应有相应的证据支持。

事实上,不仅案件所呈现的证据对安某不利,而且安某既不会表述又没有法律帮手。宋鱼水在接待安某三次之后,仍未听取到对他的有利言辞。实事只有一个,那就是村委会与沈某的合同书中约定禁止转包。为了说服安某,宋鱼水举了很多例子,打了很多比方,大致是说他没道理。安某一听自己没道理就急了。

在这节骨眼上,安某的媳妇提出,沈某与村委会的合同看似解除实际上并未解除,村委会对沈某转包安某土地使用权不可能是不明知的,一个村,村民又要接受村委会的管理,村委会怎么能不知道,安某还向村委会交过承包费呢!

听到这里,宋鱼水赶紧让法院的民事审判接待书记员高庆记录下这一点。但新的难题是,让安某在法庭外既能搜集到证据,又能在法庭上把事实说清楚,不说"难于上青天",也难免不会在"关键时刻掉链子"。在按部就班对案件审理有困难,预计裁判之后难以"案结事了"的情况下,宋鱼水决定和承办法官一起到涉案村庄所在的镇委镇政府了解一下情况,寻找案件化解的突破口。

3. 如何进行能动司法

实践出真知。在工作中,法官一方面要通过接受理论熏陶具备一定的理论修养,另一方面要不断在实践中挖掘化解的方法。

宋鱼水一行人来到涉案村庄所在镇上之后,镇领导坦诚地接待了他们并表示愿意配合法院开展工作。取得镇里支持后,宋鱼水代表海淀法院主持了一次由村、镇领导参加的调解工作。这次调解,有安某夫妇、大学生村官、镇司法所的领导在场。为了舒缓一下气氛，地点安排在海淀法院的会议室。

在调解过程中，司法所的同志从法律上对案件进行了阐述并表达了法律意见。谁知，该同志话音未落，安某就跳起来了，他几乎是在咆哮着与对方对峙。安某觉得，法律就是失败，谁和他谈法律谁就是敌人。对法律问题，他根本听不进去。

在这种情况下，调解工作无法继续进行。在场的人员都清楚，面对这样的当事人，这已经不可能是一次成功的调解。这次调解工作，以不欢而散结束。对这样的情况，法官非常恼火，宋鱼水也非常沮丧。

4. 安某其实是一个有血有肉的人

我们要努力发现人性的光辉。法官是有血性的，很多时候我们需要站在人性这一基点上去工作。

海淀法院的每位民事法官审理的案件每月都在100余件，有的到了200余件，每个法官的时间都是极其宝贵的。但是，安某这个案件却耗费着承办法官乃至主管院长宋鱼水的大量宝贵时间。

时间一天又一天过去了。法官汪懿和主管院长宋鱼水通过和安某反复接触，从听不懂他说话到他的话已经能够完全熟悉。从安某那方面看，由于宋鱼水和承办法官如此接待他，他已不再到外面上访，应该是对海淀法院工作人员有了一些信任。

一日，安某夫妇把孩子带到法院来，说"大人和孩子都要在法院过了"。安某的孩子名叫小君，即将初中毕业。见到小君后，宋鱼水担心案件在孩子心理上留下阴影，便劝说他："父母的事交给父母解决。"小君告诉宋鱼水，初中毕业后，如果父母的事儿解决不了，他就不能上学了。宋鱼水问他："爱上学吗？"他说："想上学！"

在和小君的交谈中，宋鱼水的脑子突然冒出"这是民工第二代问题"的概念。小君这样的孩子，生在北京长在北京，在北京上到初中，再在北京上学已无可能。在谈到这个问题时，安某一家说，小君虽然是这么大一个小伙子了，但还是"黑户"呢。有一年，他们回老家给小君上户口，不仅没上成户口，还与有关干部"干了起来"。这里要说明，小君是独生子，并不属于超生。在宋鱼水看来，民工第一代的问题已经够难的了，但我们必须深度思考他们第二代的问题，去思考“他们的学习路径在哪里”等问题。在“民二代”当中，很多人是厌学的，早已不上学了，好不容易发现几个爱上学的，我们在制度层面是否应给予他们路径？

当前要处理的问题是给安某以严厉的教育，由于他的情绪激动导致上次的调解不欢而散。这一次，他的孩子让宋鱼水有了更重的压力，与其探讨解决问题的动力也更大了。安某大概知道上次发火的结果也不是他想得到的，而且，孩子的到来让宋鱼水觉得他还是有底线的，起码不是那种连亲情都不顾及的人。由于在孩子面前有所收敛，这一次的接待，宋鱼水劝安某的话，他多少还是听进去一些。但一说到村委会，他就气不打一处来，又开始骂骂咧咧了。

宋鱼水送安某下楼时，他还在不停地骂村委会。听着听着，宋鱼水突然想到可以这样试一试：“老安，如果恨能解决问题，我跟你一块儿骂得了！”安某听到这句话，脚下趔趄了一下，迈台阶的脚突然收了回来。宋鱼水口中的“恨”字强调得很重，他琢磨了，笨笨地醒悟到法官跟他一块恨怎么能解决问题呢？

看到安某的反应后，宋鱼水感到还是有说服他的办法的。于是，她趁热打铁：“回去好好想想吧，你是来解决问题，而不是来打架的！”

这一次，宋鱼水坚信，安某是带着思考离开法院的。

5. 什么是群众能力

我们一定要好好向扎根在基层又热爱这片土地的村长、乡长学习，他们整天与没文化的人打交道，看看他们是怎么在普通群众中树立威信的。安某的案件让海淀法院的法官们意识到，固守法庭上的清高是学不到这些的。

后来，涉案村的村委会主任出了问题，村委会进行换届选举。原来的村委会主任的问题，也是安某有意见的理由。对这次新当选的村委会，他还是有点儿好感。新的村官上任后，也想把安某的问题解决好。当法院了解到，村里这种承包模式并未取消，有很多像安某一样的外地民工在村里承包土地使用权时，建议村里从合同继续履行的角度考虑。对法院的建议，村委会主任并未反对，并自愿找安某聊了聊。遗憾的是,这次聊天的既不愉快也不成功。在与法官商议后,村里希望做最后一次调解。

这次调解仪式可谓隆重。地点在海淀法院一个法庭,有两个法警在法庭上维持秩序。宋鱼水、主审法官、镇长、村长、沈某、安某夫妇一道出现在调解现场。法庭的设置适合调解,中间放着两张对接在一起的法庭桌子,桌子之间没有间距,当事人面对面坐着,很紧密,有一定亲和力。在这样一种亲和而又严肃的氛围中,调解开始了。

镇长先说话了。这位气质儒雅的基层干部,在农村工作多年,他说服老百姓的方式很让人佩服。他握住安某的手,就说:“我叫你们大哥、大嫂行不行?”哪有不行的,安某立马变得“柔和”起来。他也认识到今天是一次很好的解决问题的机会,所以,当村长、镇长让他们先谈谈时,他客气多了,往日的冲劲儿、恨劲儿和高声叫骂的劲头都不见了。

当安某夫妇把自己的要求说完后,村委会主任将在建塔及村里是否得到补偿款等问题一一做了解释。由于是知情人,安某对村委会主任的话不再怀疑。于是,村委会主任的话又递进了一步,如果安某要在村里干活,必须服从村里管理,解决问题的方案也要考虑村民的利益,否则就没有解决问题的基础。他也表示,由于安某在村里劳动,他们不会将安某视为“外人”,村委会主任和镇长表示对能给安某提供帮助的事情“不会推托”。

话说到这个份儿上,安某心里的“冰雪”已经被融化。最后,他居然说:“至于赔多少,镇长、村长说个数吧,我怎么好意思说?”这样一来二去,安某曾希望以几十万元赔偿来解决的问题最终以零头解决了。结果是,村里给安某一些补偿,安某和沈某签订的合同履行到2014年即安某与沈某的合同终止时间。

那天下午,安某的表现与以前判若两人。这个案件今日的解决说明了什么问题?用宋鱼水的话说,就是“水到渠成”。

万事开头难,难的是事实,难的是法律,难的也是当事人,但它是有解题思路的。那就是“以事实为根据,以法律为准绳”,最终让当事人守法、彼此尊重、有信誉、做接受管理的民,做服务人民的官。

法律也是教育人的。

6. 法官做得太多了吗

我们处在中国的法律体系构建的过程中，法官不是在成熟的法律体系下办案。

法官必须思考这样的问题：当事人为什么要喜欢法律？他们在什么情况下才能喜欢法律？当事人思考问题的角度很简单，法律能否解决我的问题？假如他面临的是一个社会问题，影响到社会对他的公正怎么办？

安某的案件并没有结束。过了几天，安某又来了，他又有新的想法了。他此次到海淀法院来，不是对调解结果变卦了。调解书已拿走了，他没变卦。通过打官司，他觉得，法院可以解决问题。这次，他要求法院为他的孩子解决上学问题。

对安某的诉求，海淀法院有些同志觉得“他有点儿过分”，认为案件已经结束，没有再接待他的必要了。为此，宋鱼水做了如下思考——

真的没必要吗？安某的问题本质上是孩子的问题，孩子爱上学而没有学上，他能抓住的希望是什么？他的要求是违法的吗？法律是什么？法官的工作要实现什么目的？法官是在制度体系下解决问题。假若安某回到村里以后孩子的上学不成问题，我们的工作完全可以终止，但假若制度解决不了他的问题，法律是改变安某的处境还是仅仅断案？当你尝试办案的时候，无疑会认为是在断案，但当你办理了上百件、上千件案件时，你将对社会的法律体系、公平体系有更大的情怀。法律最终还是要解决当事人面临的制度纠结，只有给他一个能够融入社会的法律体系，方能让他安于做一守法公民。现在的问题是，安某用法律的方式解决不了孩子上学的问题，他到哪里都是闹为啥不到法院闹呢？猜想，安某就是这么想的。对普通农民来说，有一个最大的“机遇”，那就是只要孩子有出息，这个家就变样了！

基于上述思考，宋鱼水决定为安某孩子上学的问题而努力一下。

在宋鱼水亲自给当地中学打电话未果的情况下，她与中国政法大学的夏吟兰教授等人联系河北妇联。河北妇联的工作人员接收到信息后对她们说：“这是我们河北的事儿，你们都操心我们还能不上心？谢谢你们！”河北妇联由此想到自己的义务，让宋鱼水宋感觉到了法律进步带来的变化。接到反馈信息后，她立即传递给了安某。

安某又一次到海淀法院来了。出乎意料的是，他送来了孩子的入学通知书！在大家的共同努力下，他的孩子被一所高中录取了。

那一刻，安某的脸上挂着笑容，他的面容因为父爱而变得和蔼可亲。那一刻，巨大的成就感在宋鱼水和她的同事们心中冉冉升起。

7. 何时教育当事人

在诉讼中，法官有时会犯这样的错误：经常说不合时宜的话，说话抓不到点上。该批评的时候不批评，不该“出手”的时候经常“出手”。要知道，当事人“不是好惹的”，我们要学会审慎思考，老练应对。

本案当事人安某这种人，没有文化基础且认死理，由不得你教育，你没张口，他倒会骂骂咧咧的，你几乎没办法教育他。所以，教育也是一门艺术，我们得“逮住机会”教育他。在每一次与安某沟通比较顺畅的时候，宋鱼水总要教育他几句。

一开始到法院来的时候，安某夫妇的衣着不仅破烂，而且脏兮兮的。后来，随着问题的深入解决，法官的话也开始重起来，建议他“穿得要干净，有点儿钱的话，也可以穿得体面”。

最后一次，安某夫妇穿得干干净净地来到了海淀法院，还给法官送来了锦旗。

面对这个结果，参与解决安某问题的法官说：“这个案件，结局总算让人爽了一把！”

在2011年建党90周年之际，宋鱼水应邀参加基层共产党员和党务工作者中外记者见面会。在此之前，本案主审法官汪懿、宋鱼水与中央外宣办拍摄组一同回访了安某。

镜头中的安某一家住在承包土地上的一间简易房里。他们的生活虽然艰辛，但是这个案件的解决给他们一家带来了生存的希望和对未来的期盼。

宋鱼水和前往回访安某一家的同志感觉到“农民的幸福，原来如此简单”。安某的笑、安某妻子的热情，让宋鱼水找到了“小时候那种久违的感觉”——人民群众发自心底的热情！

安某一家摘了很多水果给宋鱼水和同志们吃，而他们也觉得“吃到了一次最甜的西红柿”。临走，安某骑着三轮车硬要送宋鱼水一些西红柿、黄瓜。望着安某一直追到村西头的身影，宋鱼水的心中充满感动和感慨。

启示

在审理安某一案期间，全国法院系统正在开展公正、廉洁、为民活动。在活动开展期间，宋鱼水先后两次参加了最高院组织的两次大讨论。

宋鱼水相信，法官队伍会一致拥护以公正为核心的司法价值观。但是“什么是公正”和“如何实现公正”的问题，是法官面临着前所未有的挑战。可以说，公正在法律人的专业中是抽象的，值得研究的，但在老百姓的眼中从来都是具体的、活生生的，他们需要通过公正之路实现心中的期待。这意味着，法院必须解决两大难题，一是廉洁问题，二是为民问题。

廉洁问题是法官本身的问题，也是如何营造司法环境问题，没有好的司法环境很难实现善待法官问题，法官队伍必须高度思想统一，为营造清廉的司法环境共同努力；为民问题对法官来说，是一个高端问题。德国法学家拉得布鲁赫曾说过：“法官的职责不是实现法律，而是实现公正。”当法律解读案件面临巨大的困难时，衡量公正的标准就是主观上是否具有为民思想，想百姓所想，思百姓所思，或者“先天下之忧而忧，后天下之乐而乐”。

无私、中立地追求公正，具备清醒的头脑，捍卫真理的纯洁，将使法官完成一份最好的公正裁判和最有价值的双赢或多赢调解。

（本文原题为《从安某案件解读民事案件的思维》，反映的是一起实践中的信访案件。宋鱼水与该案件承办人—海淀区法院民二庭法官汪懿、内勤高庆都从中进行了解决纠纷和研究法律问题的探索，除案件化解外，他们对村委会、乡政府的工作有了深入的接触和深刻的体会，学到很多知识。2011 年 2 月，《中国审判》杂志刊登了宋鱼水从司法为民角度总结的文章《审理民事案件的思维 从安某案件谈起》。2011 年 6 月 29 日，中央对外宣传办公室举行基层共产党员和党务工作者中外记者见面会，该案件作为参会人员的背景材料得以对外发布。）

No.2 调解的六大艺术

调解艺术之一:给当事人希望

我们说,人活得有盼头才会有滋味。作为一名法官,我们肩负着给当事人希望的职责。无论是原告还是被告,他们到法院来,除了为解决纠纷,还需要从法院和法官身上看到一种精神,这种精神就是法律精神。

我们要切记自己是当事人困难的解决者,他们的困难是我们必须攻克的法律难关。如果我们这样想,我们将对当事人有一种法律情怀,会努力去驾驭审理并使结果朝着最好的方向实现。这让我回忆起20世纪90年代的工作。当时最大的难题是债务人欠债不还、债权人面临很大的风险。在这种情况下,很多案件判也是空判,债权人没有执行能力,调解相对好执行一些,但调解协议达成以后,到期不还款的现象依旧很严重。尽管如此,法官并没有停止调解的脚步,对能够调解的案件仍然执着地做当事人工作。为什么?很多年之后,我在想这个问题的存在是否有其合理性?有一天,我突然想明白了,觉得答案很有说服力。90年代,市场经济的大潮来临,大家对市场经济的认识是用小学生的心情去做大学生的工作,结果,风险预测不足,很多经营者借了朋友的钱,甚至在社会上募集资金,觉得明天会赚大钱,结果赔得一塌糊涂……现在的问题是,如何给债权人“灭火”?我们必须顺着债权人的思维走,如果不给债务人赚钱的机会债权人就不可以拿到钱。正是在这种情况下,我们才理直气壮地说服债权人,必须给债务人喘息之机,共担风险共谋发展。现在的我们,作为经济发展的经历者,我们见证的是,当事人之间矛盾中的发展,看到的是若干年之后,更多的债权人助推了债务人,更多的债务人在债权人的助推下得以迅速发展。经济的发展带来了当事人的希望,而没有当事人之间的合作和努力又如何产生希望?

法官要在矛盾中看到希望在哪里。90 年代,法官认识到债务人有希望债权人才有希望,调撤了大量案件,间接地为发展中的中国经济打下制度基础。经验告诉我们,希望技巧会使僵局中的当事人找到解决问题的兴奋点,在矛盾中走向统一。

调解艺术之二:人性的理解

作为一名法官,我们不仅在解剖自己的心灵,我们天天也在直面当事人的心灵。我们如何去接受一个当事人、去面对他的行为和心灵?

我觉得对问题的理解越深,与当事人的距离越近,我们解决问题的可能性就越大。比如,合同类案件,我们调解的第一个层次是告诫当事人要吸取缔约经验。合同条款是确定违约责任的重要依据,如果没有约定条款的保护,当事人的诉求很难获得法律的支持。这一点很容易被当事人认同。如果再建议当事人,打官司最重要的目的是吸取教训,以后再签合同一定考虑签订一份完备的协议保护自己的权利;如果不知道什么叫完备协议,就考虑一下出了问题怎样解决,把这些问题想好了,协议也就可以了。当事人很愿意听为其着想的话,话说到其心坎上,调解就成功了一半。再比如,庭审开得很严肃、很认真,已取得当事人充分的信赖感、认同感,调解成功的概率是很高的。我这里想说的是第二个层次的问题,这个层次取决于我们对法律的探讨,案件问题给予我们的法律发现。这个问题是什么?很简单,当我们在复杂多变的交易中发现,书面合同的签订有其滞后性,大量的交易需要迅速、快捷地做出判断时,当事人之间的合作仰仗当事人之间的信赖。信誉考察重于合同条款的签订。当我们明白这个道理时,我们就可以和当事人交流合作伙伴的选择问题,这个问题探讨起来,不仅让当事人受益匪浅,也能从根本上解决所面临的案件矛盾。

人性问题还包括不同地区的文化、性格、习惯问题。比如,地方保护主义这个问题,很多人认为,地方保护就是对当地企业、当地公民的保护,但从法律的角度并不尽然,对这一观点,南方商业发达地区的人容易认同。在商业发达地区,他们充分认识到1+1>2的道理。朋友越多、跨区域交往越多越能创造利润。所以,在我们调解案件的过程中,南方商业发达地区的当事人,很善于运用调解的手段在诉讼中争取双赢。我们在这些调解案件中有时受益匪浅。有一次,深圳一家公司在央视做广告,因欠了很多广告费而成为被告。这样一个案件,调解的难度相当大,但这家公司的底线很让人有所感悟。那位老板说:“企业的发展是离不开广告的。”言外之意,我们并不认为广告费居高。老板的这句话影响我十几年,经济的信息拉动法律的思考,在这一点上容不得半点儿保守,否则会束缚一个行业的发展,也束缚我们正确的调解尺度。作为一名法官,了解当事人就是要寻找他们身上还有哪些闪光的东西,而这些东西是化解当事人之间矛盾的可贵资源。法律最终要改变一个人的思想,因为思想决定行为,当我们能够与当事人进行一点儿思想的碰撞,其行为尤其是其违法行为的改变就有了可能。人性告诉我们语重心长的重要性,与当事人心灵相通的重要性。仔细研究我们的案件,我们在当事人身上发现了正确的价值观点,一个案件裁判的正确尺度,然后,与当事人一起讨论解决方案,但这种讨论不是纵容违法者,同时,要让他感悟到不纵容就是对他好,就是1+1>2的道理。做到这一点,调解就成功了。

法律首先是人性的文化,做当事人工作要有法律思想认同,要在诉讼期间迅速营造法律氛围,游说法律思想,而这一切离不开当事人的接受,案件游说是最具体生动的一种说服方式。仔细想来,我们的法律工作不仅“非常有意义”,而且“非常有意思”。我们一辈子都在征服当事人的思想,同时,也在征服我们自己。与当事人喜怒哀乐一场,调解以喜剧收场,留下印象深刻的法律艺术。

调解艺术之三:做公正的学问

廉洁有各种各样的标准。比如,法官不能单独接待当事人,法官为一方当事人释明是否中立等。我们需要保护自己,我们又需要开展工作。在这个问题上,最重要的是我们要开展工作,相信自己。

当事人都是有目的地来法院的,他们都希望用最小的成本解决问题。从其主观上说,哪位当事人也不希望跟法官过不去。但是,两方当事人之间关系很僵,稍不注意,就会把法官牵涉进去。对此,法官的正气和能力是最重要的。比如,在一起部门经理起诉企业的案件中,原告要求被告给付一笔数额巨大的奖金,被告坚决不同意。诉讼期间,被告提出管辖异议,原告在上诉期间因癌症恶化失去了生命。这个案件演化为,原告这边,其继承人继续诉讼;被告这边,更不希望输,作为一个管理者,企业负责人认为在这时输什么也不能输了理。面对这个案件,法官怎么办?如何把如此僵持的局面化解?想来想去,法官决定勇敢地担当责任,不顾一切为解决问题而努力。于是,法官做的第一件事,是同意单独会见被告老板。在法庭上,法官非常诚恳而坚决地告知被告,如果倾斜也不会向被告倾斜,我们都要面对死者。第二件事,告知被告诉讼的选择是有风险的,管辖、鉴定的选择和实体证据的提交与否都与审判结果有关,而真正的选择就是忠实于客观事实,否则,将会加大诉讼风险。第三件事,是明确告知被告,法官的廉洁是希望更好地为他们解决问题。这个案件的问题在于被告的管理出了问题:公章是假的,用人不当;公章是私盖的,公章管理不当。管理问题不解决公司还会有后患。这个案件处理不好,公司也很难凝聚经理层面的管理人员。法律是最好的解决问题的钥匙,否则,要法律有什么用?在这一点上,我们要研究透,并用在当事人身上。这个案件对这一点的坚守非常管用,最后,公司老板非常认同法院的观点,立即派出一名得力的副总出面化解矛盾。这位副总平时与原告关系不错,出面化解问题时,先携款去对原告表示慰问,此举使这起难以化解的纠纷以调解的方式画上了一个句号。

面对调解,有人会有不同的看法。有人一提调解,就想到用调解的方法处理案件是否就远离了公正。事实恰恰相反,在调解中处处不放弃公正,能迅速地树立起当事人的信心。

调解艺术之四:认真做实验

法官从事的是一门实验科学,很多问题并没有真正的答案,我们需要用已有的知识和学问挑战新的问题,验证新的可能。

有一起返还源代码的案件,当事人均没有要求验收人出庭,也没有要求勘验,而这两点是把握案件事实的关键。在当事人疏于提出时,我们作为法官很难正确裁判。我们是不去解决当事人之间的问题还是为了解决问题与当事人双方协商?在处理这个案件时,我们选择了后者,即向双方当事人提出建议,结果建议均被双方接受,法庭上验收人出庭和勘验结果使案件得以庭上调解。

当事人提供的旁听人员一般不是无缘无故的人员,根据法庭规则,庭审期间,旁听人员须遵守法庭规则,只许旁听,不得发言。但有一起案件,被告的法定代表人亲自参与诉讼,结果什么事实也说不清,急得旁听人员老插话。面对这种情况,我们如何应对?没经验的法官会上来就制止,有经验的法官会把他作为解决问题的一个因素。这一思路还真灵,这个案件在原告同意、被告委托的情况下,旁听人员改为被告的诉讼代理人,参与到诉讼中来,结果正是在其努力下,原告的诉请得以与被告协商解决。

社会主义法律体系是一门重要的实践课题,它需要通过司法实践中大量的案例去充实和完善。作为法官,我们既要遵守法律,又要研究和探索法律,将法律活化于实践。法官虽不能突破法律,但也不能固守陈旧的观念。事实上,没有研究和探索的精神也就没有更多的调解率,没有大量案件化解的可能。

调解艺术之五:敢于向困难挑战

法官这个群体,工作一路走来,会认为什么是最困难的事情?我想,任何困难都没有案件的困难大。

几年前,有一起案件非常棘手,当事人是大学同学,也是一起创业的合作伙伴,但在企业刚好起来的时候，两人却闹翻了，其中一个人带着一批技术人员和高管人员另行组建公司，开始了与原公司的较量。这下，原公司被惹恼了。原公司不仅将后面成立的公司告上法庭，而且到公安局举报，要求对被告进行商业秘密侦查。结果，被告这方的负责人一拘留就是几个月。这起民事案件如何处理？当事人火药味正浓，或判或调，都在冥思苦想中。在处理这起案件时，我们先让当事人进行了严谨的证据交换，对商业秘密点、证据及说明反复进行交叉举证，直到当事人宣告结束为止。开庭时，当事人、代理人、技术人员证据演示及其辩论将矛盾争点引向深入，当法官敲下法槌宣布休庭时，合议庭进入如何结案的选择中。为什么不再尝试调解？当这个提议被提出之后，几乎所有人认为是“痴心妄想”，但真正的调解开始了。原告说，为什么？法官说，因为案件已经清楚，因为公司发展是有波折的，企业总要寻找发展之路，而不是义气之路，新的发展需要新的规则，管理者对此需要重新进行思考和定位。所以，问题不在于被告有多坏，而在于企业如何发展？被告说，我可以退出，但对兄弟们得有个交代，而交代的背后是两个人的问题得以解决。此时此刻，双方当事人的目光聚焦在法官身上，这便是法律模式的调解，严肃的案件审理，却纠葛着如此复杂的感情因素，法官与当事人，到了彼此理解的最大程度，也就有了最能够指引当事人的契机。也许正是因为这样一种交流碰撞，于法于理于情，通过这个案件的处理最终得以让当事人成为盟友。回首往事，我在想“没有挑战何以走出困境”？对当事人来说如此，对法官来说更是如此。

挑战不是单枪匹马，调解要善于利用当事人资源，也要善于利用律师资源和一切有利于化解矛盾的各种社会资源。调解是全社会的智慧，法官不仅要善于分析法律，而且要研究法律如何与经济对接，与社会对接。

调解艺术之六：小法官大社会

大概没有人把法官当成“官”，但当事人又把法官这个“官”看得很重，你不想当“官”都不成。安某案件是一起闹访闹得非常严重的案件，一审闹、二审闹、发回重审还闹，三天两头到法院闹，隔两天到天安门去闹，扬言不解决问题就自焚。

这起如此之闹的案件其实并不复杂，北京人沈某将从村里承包的土地转包给外地人安某。现在，村里与沈某协商解除土地承包协议，安某却坚决不同意解除承包关系。为了确保安某的权利，法官找来公益诉讼的律师予以协助，但律师与安某商谈了一天半，双方居然不欢而散。法官到村里勘验，村里的村民说，法官应为民除害。

安某是否如此可恶？透过现象看本质，重审后搜集到如下信息：安某十几岁时就来到了北京，老家已没地可种了。安某有一个儿子，都要上高中了，还是黑户口。安某并未超生，儿子想回老家上高中但上不了。我们都说社会公民教育差，大家不守法，但那些没地方受教育的人怎么办？在法律体系层面，这对他们来说是否公正？

一个法官，心中装有案件与法律，心中还要装有法律体系，法官思考的法律层次越高，越有可能尽力解决最本质的问题。就安某的案件而言，最本质的问题就是民工第一代与第二代的制度安排问题，这些问题不解决，这样的当事人的问题就解决不彻底，他们要的是出路，而不是裁判的结果。

对这个案件的当事人法院下了功夫，法官与新换届的村主任和老镇长达成了共识，即得给安某出路。最终，土地承包协议三方协商继续履行承包协议至合同期届满，但安某必须接受当地的管理，取得当地百姓的认可。过去的安某，动不动就骂人。如今的安某，看镇长和村主任真来解决问题了，反倒有点“受宠若惊”的感觉，于是，他把几十万元的漫天要价改为一两万元的补偿费好商量。精诚所至，金石为开，一个曾经认为难以管束的“刁民”变成一个好说话的农民的事实，值得我们思考。安某的心病是孩子上学，他孩子上学问题在老家解决了。面对这样的结果，一向脏兮兮的安某，有一天换上了干净的衣服，脸上也有了久违的笑容。

从安某的案件中，我们需要认识到一点，这些人还是可以“改造”的。当然，诉讼期间，也有心怀恶意的当事人通过信访等渠道给法官施加压力，希望法官对他们进行过度的利益保护。在这一点上，我们要头脑清醒，坚守司法公正的天平。我们不是妥协者，我们是改造者，我们的职业是法官，真正的是非判断者是我们，但一旦认定正确也绝不能妥协,因为正义与邪恶的较量不是没有斗争。

司法虽然不是万能的,案件中当事人的需求也不是法院均该保护的,但小法官大社会,如果我们在办案中不仅掌握法律,而且心中装有社会,这样去进行法律思考,我们考虑问题的深入程度就会有所不同。法律层次越高对当事人的牵挂越高,对公民与法律关系的认识越强,越容易深入解决当事人的法律问题,实现当事人接受法律结果的理想,而在这种情况下,调解与判决都有可能被当事人接受。

总之,调解艺术更多的是法官与当事人的沟通艺术,一次好的沟通自然会让当事人感觉良好。但当事人不仅仅是来听演讲的,而是对案件有期待,法官还要下决心为当事人查找问题和解决问题。在当事人之间能够解决问题的情况下,法官要过公正关;在当事人之间面临难题时,法官要有深度,有博大精深的法律功底才能把法律研究透,把纠纷研究透,把案件解决好。

正是在这个意义上,我把调解定位为一门艺术。

附:《调解的六大艺术》获奖感言摘录

在我有机会从事老民口的审判工作后,发现该工作的主要特点是案件处在大幅度增长的高发期。无论是审判期间还是裁判之后,信访案件都会雪片般飞来——这说明当事人对法律不接受的情况非常严峻。说句实话,无论是好法官还是坏法官,面对错综复杂的案件和当事人错综复杂的问题,常常会动摇对法律的信心。

当法官的心态、素质、能力面临多种价值冲突的考验时,萎靡者、抑郁者、沉沦者都会在一定程度上出现。在这特殊时期,我们是被打垮还是满载全社会的法律信心奋力前行?我们能否肩负起时代赋予法官的使命?当我们思考这些问题时,法官文化和法官精神便显得尤为重要。

《调解的六大艺术》一文是在上述背景下完成的。

作为一名基层法官,我特别担心当我们谈调解时会忽视了判决,当我们为判决而判决时又忽视了我们本可以做到的一些调解的努力。因为无论判决还是调解,我们都要解决法律与当事人的问题,而无论对判决还是对调解,探索都是无止境的。法官作为法律实践的践行者,如果能够把调解的方法作为一种探讨性、阶段性总结而不是结果上的总结,也许会更有利于我们对调解的认同感,也会有利于我们形成对调解方面的共识。

现在,全国上下都在构建大调解的格局。我觉得它好的一面在于调动了依托社会资源解决问题的可能性和积极性,使人们回归和睦共处的时代和寻找一种社会的归属感。但我们必须看到另一面,真正和睦的根源在于法律上的是非认同,人们行为规范的标准有序。我们国家的法律实施过程还处在非常薄弱的阶段,良好法律规则的推行是现时期十分重要的任务,所以我们要最大程度地避免大调解格局之下淡化法律的现象出现。30 年法律进程来之不易,5000 年法律寻找历程更是有许多法律工作者值得我们记忆和尊敬。我们在大力宣传调解文化的过程中,应在法律与调解之间找好平衡点。

在司法队伍建设中,对低素质、不廉洁的法官,我们看到在最高院的领导下全国各级法院均采取了一系列大刀阔斧的措施。在此基础上,我们更要思考如何让高素质的法官历练成长,如何让那些合格的法官在工作中有更多的制度方面的助推器。一个法院的文化是正气压倒邪气还是邪气压倒正气,人们往往要看优秀人才的潜质能否得到充分发挥,要看一批合格的法律人才能否脱颖而出并向社会彰显法官的才气和整体的素质能力。在基层法院工作,我最深的感受就是不进则退,一个前进的环境有可能把坏人改变成好人,但一个不能作为的环境也有可能将好人腐化为变质的人。所以,我们不仅要把坏人不惜成本改变和根除,我们更期待多花一点成本下大力气把人培养好,让人才更加专业化。

在一次全国"两会"上,有代表将中国的法官与西方的法官做了一个比较。他们认为,西方的法官是法、理、情,东方的法官是情、理、法。对这个形象的比喻,我听后心情很复杂,几乎是无言以对。作为法官,我们需要倾听社会上那些非常深刻的声音,尤其民众的声音,无论是哪个层次,他们对问题的总结都有一流的语言智慧。

王胜俊院长要求我们具备能动司法的能力。面对能动司法这个概念,我们首先要问自己:我们对社会究竟了解多少?当事人问题与社会问题之间是什么样的联系?在当事人问题的解决上,我们主观上是否真正达到了一种法官境界?什么是真正的法官境界?

海淀法院曾邀请北京大学社会学教授马凤芝做了一次社会学与法官能力建设的讲座。她提出了一个观点,法官与当事人在案件的处理上,法官具有居高临下的地位,但在人格方面是平等的,法官应建立与当事人良好的关系,赋予当事人人格的尊重。她还一针见血地指出,当你挤公共汽车时不听售票员的嚷嚷则已,一听你就有一种要和她打架的冲动,为什么?到医院看病时见到医生正眼不带瞅你一眼的,你老觉得医生心不在焉,为什么?就是你没感觉对方把你当人看,于是火就起来了。所以,我们看到的恶性事件,肇事者如果是人格受到侮辱,很可能不计后果。法官与当事人的语言探讨、形象设计不是机械的,在西方国家和我国香港等地区,培养一名法律人才,他们很注重一对一的训练,也很注重用场景设计、社会考察锻炼增强一名法律人的素养,而这方面我们很缺乏。面对当事人,我们在知识方面有了专业训练,但职业的其他软实力尚不能达到专业的程度,而中国的法治环境又很弱,我们身上养成的素质常常有"成事不足,败事有余"之嫌,所以,我们最大的敌人是自以为是。调解工作更需要在这方面积极训练,如果我们不单单把审判作风当成政治任务去完成,而是当成职业关的训练过程,也许我们会轻松一些,在创造性的潜质上主动锤炼自己。

近期,看了朱光潜先生的《大美人生》一书很受启发,觉得法律也是一种美,公正之美利己利他利社会,但一个人具备公正之美的智育、德育和美育,修行一辈子恐怕亦难以实现。尽管如此,它值得我们快乐地追求,因为它带给我们非常丰富的法官生活,也带给我们目标和结果上的价值意义。

我们应该用历史的眼光来看我们所从事的工作,因为这样会让我们横扫畏难情绪,像我国"非典"时期涌现出的医生和护士一样,像日本这次灾难性的地震中50勇士,敢于承担法律问题爆发期的法律研究,长期致力于每个案件的探索,诠释我们这一代人的法官文化和法官精神。

（本文原题为《论调解艺术》,2011 年发表于《人民法院报》,该文获得由最高人民法院和人民法院报社共同举办的“调解技能与调解艺术”有奖征文活动一等奖。为此,宋鱼水写下获奖感言。）

No.3 初任法官的工作理念和方法

本文背景：由于案多人少的工作原因，北京市高级人民法院连续几年处在进人的高峰期。这些新近进入法院的大学生经过三年的工作历练绝大多数被任命为代理审判员并取得法官资质。

随着大量的新法官充实到法院队伍中来，初任法官的工作理念和方法不仅关系到他们自身的发展，而且会影响到法院队伍的未来。故本文从工作经验的角度对初任法官应该重视的10个方面问题做了有重点和针对性的强调和分析，供初任法官参考。

这10个方面问题分别是：结案数量、结案质量、理想信念、职业精神、人际关系、判决、调解、工作定位、公正的刚性和柔性、丰富的内心世界。

我国补充法官的重要渠道是从高校选拔大学生到法院工作。近几年，由于“案多人少”的问题一直存在，法院的年轻大学生数量呈高增长趋势。具备大学生背景的法官，如果是研究生毕业，在学校读书已经19年。经过19年的寒窗苦读最终成为一名法官，他们可谓知识结构方面的优秀者。在工作中，他们的知识需求应对能力比较强，这也让法院在这方面呈现出可喜的变化。但是，书读得越多，意味着社会劳动越少，爱知识不等于爱劳动。为此，本文重点从司法实践的角度论述初任法官的工作理念和方法。

一、结案数量

法院文化是以法官为主体的文化。因为法官的好坏既关系到法院工作的进展，也关系到当事人诉讼的命运，所以无论是硬指标还是软指标都会考核法官。考核，对新提拔为法官的大学生而言，应是第一次真正的工作意义上的考核。结案数量意味着量的考核，所以，过分投入到该不该考核还是静下心来踏踏实实地完成考核是工作中的两种态度，作为一名司法办案人员，后者很重要。

自20世纪90年代以来，我所在的海淀法院和北京其他法院一样一直面临“案多人少”的困境，各院新提拔的法官没有可照顾的条件，结案数量必须冲在前面。以海淀法院经济庭为例，初任法官连续几年都是全庭结案冠军。

原因是什么？一是复杂案件少，在工作中训练的是劳动能力，只要勤奋和努力即可做到。新提拔的人员工作爆发力强、精力旺盛、干劲儿足往往是老同志所不及的。二是大家成长的背景，除了学习上的吃苦还有劳动中的锻炼。从老同志来看，有的下过乡插过队，那种工作中的吃苦训练是现在的大学生所不曾经历的；有的当过兵参过军，那种军人的吃苦精神甚至不怕牺牲的精神更令人敬畏；而那时的大学生，农村背景的多在家里务过农，除寒暑假外还有春秋假，这两个假期都以干农活儿为主；在城市成长的大学生，由于兄弟姐妹多，父母照顾不过来，吃苦者也不少。各自都是在不得不自己动手的体力劳动中长大，所以，干点活儿都不算什么。

结案数量多是一种劳动强度的训练，如果以该不该结案逃避劳动训练将很难适应法院的工作。我们到医院看一看，很多外科大夫在手续室持续工作十几个小时，很多护士都要晚上值班，他们也有休息的权利，但他们选择了医生、选择了护士为业就意味着自身的工作要服从病人的需要，服从工作规律。初任法官选择了以法官为业，案件的需要和当事人的需要均与结案有关，对结案数量的重视与否背后是一种工作认真、工作勤勉的考验。

二、结案质量

医生的手术质量要看病人的反应，大的手术观察的时间非常长。法官的结案质量尽管有诸多的考核程序，最重要的考核标准应是当事人的反应，尤其是败诉方的反应。在这个意义上，案结事了、胜败皆服都是最好的标准。对此，笔者认为是否认真听取了当事人的问题至关重要。

试想，面对病人，如果医生把问题听错了怎么能对症下药？同时，医生怕开错药又会做什么？听完病人的情况后，即使是感冒了，也要测测体温，用听诊器听听主要部位，其他的情况，就要进行重点的体检或者全面的检查。总之，误诊是医生绝对不能犯的错误，不能误诊是医生追求的目标。

法官的注意力没有医生那么高，但刑事法官面对死刑等重大问题时，标准比医生还高。所以，初任法官的工作是听取当事人意见，而不是放任当事人意见，更不是放任法官的听取态度。案件事实的会诊取决于法官如何调动当事人的积极性，增强其诉讼能力。

做一名追求案件质量的法官常常陷入程序正义和实体正义的纠结当中——

就程序正义而言，法官与当事人的沟通是非常重要的。“法官是否与任何一方当事人进行了有效的沟通”是各级法院在贯彻、学习司法的民主性问题时首先讨论的问题。从实践来看，讨论越充分，当事人的积极性越高，诉讼效率和诉讼质量越高。比如，海淀法院的李红星法官，在开庭前总是带领书记员与当事人尽可能沟通一次，有时在电话里鼓励双方当事人好好协商，有时解除当事人的不信任感，有时为当事人答疑解惑。总之，上百起案件筛选之后，减轻了很多工作量，有重点地梳理出一些疑难问题，并针对这些疑难问题进一步与当事人协商，希望当事人在证据方面和法律法理方面认真准备，以期庭审过程中发言充分，解决问题充分。程序问题的准备工作，有时像写文章的素材准备工作，开庭好坏直接受这些工作影响。当然，开庭前的准备工作因主要由当事人来做，法官更像老师，一是要保持老师对学生的平等性，二是要了解双方当事人的特点，说哪些话能够激起当事人认真劲儿。如果说，程序问题很重要，当事人和法官所扮演的角色均重要，但笔者认为，法官更重要，当事人属于现场发挥，只承担表演的角色，而法官属于教练和总指挥，要对庭审的质量负责。

就实体正义而言，法官在分析案件时要克服主观性，随时准备解决自己的弱点。比如，社会经验的不足，法律条款的理解不足，法律理论的欠缺，法官的偏听偏信、盲目自大都会为案件的错误审理酿成后果。现在的案件越来越棘手，每一起案件都有可能牵涉到社会的深层矛盾，用法律所体现出来的公正是极其困难的，唯有深刻认识到矛盾积累的复杂性，法官才有可能真正理解矛盾，解决矛盾。

历史上有过很多法言法语，如“法律是经验的积累”、“法律是善良和公正的艺术”、“法律是让生活变好而不是变坏”……初任法官在体味这些法言法语时，考验的是法官的洞察力。只有极其有远见的洞察力，初任法官才能去发现真正的公正之路。所以，公正是什么？公正是在案件的磨砺中发现的，而不仅仅是在书本中学到的，初任法官理应表现出足够的谦和与追求。

在追求程序正义和实体正义的过程中，二者的完美结合是法官永久的目标。在这个问题上，不能过多地把责任推给当事人，因为，推得越多法官的责任越少。法律的进步，法院和法官承担了重要的角色，法官随时随地要思考，法律如何会进步，而这种思考是建立在现实的当事人和现实的法律环境的基础上的。改变应从法官的行动开始，推卸无法实现改变，所以，法官对法律的追求就是让每一次审判都有不一样的收获，每一次接触当事人，都给予他们更多的法律启迪。法官在依据法条办案，同时也在追随我们心中难以泯灭的法律理想——在法官与当事人之间建立一座公正的圣殿！

三、理想信念

即使在最发达的国家，法官的工作也是充满难度，在发展中国家，法官面临的工作考验更多。在这种情况下，什么不会动摇法官的意志力？答案是爱上这个职业。

一对情侣走进婚礼的殿堂,我们听到的是这样的誓言:“我愿意她(他)成为我的妻子(丈夫),从今天开始相互拥有、相互扶持,无论是好是坏、富裕或贫穷、疾病还是健康都彼此相爱、珍惜,直到死亡。”可是,有什么值得法官像热爱恋人一样热爱自己的职业?除了爱的理想信念,还能有第三个答案吗?

在初任法官即将走入法官岗位时,其对这个岗位的界定决定其未来选择的命运。唯有由于喜欢,兴趣、爱好和理想塑造的意志力才有可能让担当者坚定地坚守。法官这个职业,从理论上讲,注定不是一个高薪的职业。在我们这样一个人口众多、低收入阶层还占绝大多数的国家,高薪更不现实,过有尊严的法官生活,达到中上标准已经相当不容易。从实践讲,由于当事人缺乏法律文化,法官工作环境经常让法官难以承受,金钱、权力、人情,在环境很差的情况下,法官主体面临精神上的斗争,甚至分裂。还有,业务上的挑战是巨大的,稍不注意,很多错误就会使你无地自容。当院内的同事、院外的监督者都希望你完美无缺时,你作为一名普通人是否敢迎接挑战,是否愿为你的真理奋斗,是否在大家都彷徨的情况下,你依旧有独醒的勇气?这一切都与初任法官的法律理想有关。如果没有法律理想,很多时候法官是脆弱的,不堪一击的,但有了法律理想,你会完善自我,让自我变得强大,因而,也让你所坚持的法律真理强大起来。你的背后是一座正在建设的法律大厦,没有人会动摇你的意志,这就是,工作中第一层级的理想信念。

四、职业精神

我们处在讲政治的时代,政治的核心含义要坚持党的领导,坚持中国特色的社会主义道路,坚持有中国特色的社会主义法律体系。其中的中国特色蕴含中国国情。司法队伍中有两个统领队伍的口号,一是坚持党的领导至上,坚持人民利益至上,坚持宪法和法律至上;另一个就是忠诚、公正、廉洁、为民。了解这些政治背景究其实质是需要了解中国人的历史,尤其是近代以来祖国的历史。法律注定不是工具主义,一个国家的法律历史是在发展进程中诞生的,其发展的命运也必将接受发展进程的检阅。

在我国的发展历史中，近代革命家、法律家以及各界仁人志士与人民群众一道在无数的选择中最终选择了由共产党领导的发展道路。面对历史的选择，法官需要思考的是完善和发展的问题，而不是抛开这一切从零开始的问题。法官对政治的感情不是淡化，而是充满热情和思考，否则，法官很难有真正的法律感情。真正的法律感情是秉承对人民负责，尊重历史的责任。这就是法律的理性，感情需要理性。

变革时期，一方面发展很快，另一方面思维活跃，行为后果难以评估，讲政治常常转化为大局任务比较重。奥运、新中国成立 60 周年、“两会”、十八大，每一次大的活动，政法队伍都要为稳定肩负职责，保稳任务压力很大。在这种情况下，法官如何定位职业精神？对职业精神弱化还是更加强。笔者认为，以下几个方面应予以加强：

第一，职业精神的强化。职业人对职业的理解会在好的条件下让职业发展的更好，弱的条件下尽可能不使职业受损，坏的条件下尽可能头脑冷静。职业精神背后是职业文化的形成，职业习惯的培养。当公众已经感受到一种职业文化在社会的强大氛围时，公众会说，这种职业，他们不会这样做；或者，他们一定会那样做。现在，法官之所以感觉廉政难、司法公信力难，就在于没有用公正征服社会，反倒常被不公正侵袭，这是法官值得努力的。什么时候法官的公正文化征服了社会，法官的职业精神才会在社会中传播。

第二，重视夯实基础。有一次读书时，看到一位真正对西方了解的人从比较法的角度看中国的问题，结论是耐心比方法更重要，下功夫比各种求巧取胜的方法更珍贵。所以，“美国学者每个星期坐在家里读书的时间比较长”，“人家刀子磨了十小时，筷子用了三小时、四小时” 。我们目前的工作状况，大家担心别的问题要比静下心来工作的问题多得多，而担心的问题又并非法院自身所能解决，所以，心在空中飞，即浮躁是社会的特点，也是法官队伍存在的问题。鄙人之见，当功夫下到一定程度时，很多问题会迎刃而解；当功夫不够时，很多问题的解决也不会是长期的、系统的。初任法官思考个人的问题，需要有法官整体和法院未来的视角。如果下功夫能够成为法官的共识,从升任法官的第一天到踏踏实实干上十年、二十年,职业的收获会怎样?法院的工作业绩会怎样?所以,初任法官代表着法院的未来,这是每个人的责任,需要为共同的目标而努力。

第三,理解的宽容。矛盾是因为不能调和而调和,纠纷的解决是一种相对的平衡。法官从事的是研究工作,而不仅仅是简单的办案的工作。在一次"两会"期间,笔者所在的全国人大代表北京团小组抽空参观了一个特殊的动物研究所(其主要为人体医疗做准备),这次参观使笔者有两个重要的收获:一是研究人员给代表们留下的职业印象非常深刻,他们的敬业体现在对科学的不断探索。正是这种探索使人类不断了解自己,解决自身肌体存在的问题。动物研究所的动物成群,由于研究人员每天都和它们在一起,研究人员和每一只动物之间的感情都很深,我们能感觉到这里的动物对人类的依赖感很强。这意味着,如果你投放了爱,得到的必定是爱。二是人类的生存成本很高,因为这种对动物的投入,目标是为了人类自身的发展,而不是为了动物自身的发展。人类生活的地球,动物如果威胁到人类的生存或者可以为人类所用,迫于人类自身的生存和发展,人类将变得残酷。我们很少在内心深处思考这些东西,但再完美的人,再好的人类,内心也是有冲突的,有善的觉醒,也有恶的发作。初任法官需要仔细思考这些问题,从人性的角度努力解决人类发展中的法律问题。同时,人类也有伪善的一面,初任法官需要有一定的宽容,去理解地球上难以和谐的问题,最大可能地在包容中寻找妥协的平衡点,在当事人不能调和的矛盾中找到能够包容的法律以及解决问题的规则。

第四,细致的工作包括顶层设计也包括个体勤勉苦练,日积月累。中国特色社会主义法律体系形成后,《刑事诉讼法》已经进行了两次大的修改,《民事诉讼法》也已完成修改,对抗式的诉讼模式已基本成熟,以言辞证据为核心的证人出庭作证制度将进一步夯实公正审判的基础,但以法官文化为主体的职业管理模式尚在探索中。迄今为止,一名法官的工作体系和薪酬体系还处在不稳定状态。这意味着,法官职业还有很大的建设空间,法官流动依旧会很大。

大浪淘沙，法官职业最终要过渡到成熟的管理模式和成熟的人才体系中，法官队伍也会有较好的老、中、青三代人的结合。在此基础上，应得出的结论是，真正的法官是有积累的，积累的背后是一名法官的厚重和一支法官队伍的长期积淀。如果大家喜欢法官队伍这个职业，那么，这支队伍形式上的追求表现为功利性的工资、有吸引力的地位，但本质上是法官文化的吸引力。当物质和精神的结合达到一个人对这个职业的真正需求时，才会有真正的吸引力。在你选择法院还是法院选择你的过程中，初任法官应有共同的建设目标，使法院的明天更美好。

五、人际关系

人生存在一个交往的社会中，除了自然属性外，又有社会属性，人与人之间离不开密切的亲和，因而，也发展为一种人际关系。人际关系的好坏影响社会秩序的好坏，我们的问题就在于人太复杂，人际关系因此也很复杂。

我们生长在人口众多的中国，最大的难点是公平。由于粥少人多，我们要充分认识到解决公平问题的复杂性、系统性。要破解这道难题，既需要有攻坚克难的心理准备，又需要战胜自我的脆弱性。人际关系与公平的关系是相辅相成的，当公平问题容易解决时，人际关系就相对简单些；当公平难以实现时，人际关系容易恶化。我们经常批评不良的人际关系，但人际关系是公平的副产品，解决的渠道不是人际关系好了，公平会解决，而是公平实现了，人际关系会相应变动。

法官是一个研究公平问题的职业，在工作中又不得不涉猎社会的人际关系，所以法官有义务解决人际关系与公平的问题。如果法官不下决心解决这一问题，其他领域将更加难以应对。对此，初任法官需认真考虑如下几个问题——

第一，在人际关系中坚守法律底线，即既不拒绝人际关系，也不出卖法律职业。法官目前还很难达到法律职业的封闭性，法官自身所处的生活条件更无处不需要社会的帮助。换句话说，法官是需要与社会交往的，而且，法官还需要深入社会生活，增长社会远见。当法官需要朋友帮忙，尤其是有了孩子，需要求助一个好学校时，几乎所有人会寻求帮助。但是,约束法官的是内心信仰的法律,这就要求法官在追求个人权利和利益时,需要努力推动社会公平规则的建立。当法官暂时无法改变社会时,需要以法律约束自身的选择。法官不能变得肆无忌惮,不能对自己的行为没有约束。

第二,将心比心,找到共同的难处,站在这个基点上寻找解决问题的方法。当事人找你的动机是不良的,甚至在庭审中的表现是可恶的。但是,在你义正词严时,是否对当事人的思维做过透彻的分析?如果法官善解人意,破解问题会有出路。法官需要努力分析“人为什么会成为坏人”、“坏人如何变成好人”等问题,假如因你承办的案件,当事人的关系变和谐了,而且能够用公正带来和谐,法官就会推动人际关系的法律改变。

第三,廉洁的风气需要全社会的共同努力,而不仅仅是法官的职责。法官要努力在法官的人际关系、法官的社会圈中像在法官的工作圈一样推广廉洁文化,这样,法官的生活和工作才会有弹性,有松弛感,甚至有美丽和幸福感。廉洁的标尺就是标准,有了标准,就能以不变应万变,以最小的成本实现最大的理想。

第四,社会发展很快,但不影响一个人诚信记录像标签一样跟随你的一生。当你的人生处在每一个机遇期,诚信这个标签都会跳出来检验你的成长。我们正处在一个跨越的时代,年轻人都希望自己的人生有跨越式发展。法官职业是可以跨域发展的,如果离开法院,大家追求的一定是跨域发展的进步。这个时候,诚信的标签会出场。我想说的是,诚信的积累与任何一种成绩的积累一样,它对你的考试更为残酷,所以,考验你的永远是你自己,只要你认为过关了,有一颗透明的心灵,心变得强大,你的行为自然有力,你自然强大。

六、判决

初任法官之后,年轻的法官们将有第一个判决书,而且,这个判决书将由你第一次签发。这时,你将真正理解判决对你来说意味着什么。正确理解一个判决,至少应包括两个方面的内容——

第一,对你而言,你开始了真正的法官生涯。在这个重要时刻,你应该思考一个问题:"是把法官这个职业作为学问和使命还是仅仅当作一份工作?"如果你用感情去工作,判决书的每一个字都会和你对话,你会在这种不断的对话中不断提高自己。从第一份判决到你比较满意的判决、你最满意的判决、你仍然不断追求的判决,工作会变得越来越深入,你也会变得越来越像法官,可能还会是一位知名而优秀的法官。

第二,对当事人而言,判决是当事人对你做法官的评价。你是否重视这种评价?如果你重视,当事人对你也会有一种法律感情,你也会记录这种评价。从开始记录这种评价到总结这种评价、从好的评价到研究法律在当事人身上的影响、从开始欣赏有素质的当事人到不畏惧各种当事人……你发现当事人已经是你工作的舞台。因为和成千上万的当事人打交道,你开始研究活生生的法律,你对社会的评价不是简单来自于你对这些当事人的法律分析,而是透过这种分析能非常有见地地提出你的构建方案。你发现,当事人给予你的是整个社会的法律思考,你由此在社会的进程中成为一名指引社会法律力量的内行的人。判决的篇章就是这样丰富多彩,它带给你的是你的职业,初任法官要从心里高度理解和重视。

如何开始你的判决生涯?初任法官要学会练习。一名画家不是一开始就成为大家的,他成功的路上一定经过几次质的飞跃,这种飞跃离不开追求和创造性。就追求而言,他一定有过各种模仿和尝试。初任法官在撰写判决时也要有这种追求,先是熟练掌握判决写作的各种要点,占有尽可能多的判决资料,用练习的方式学习写作,又用写作的方式发现问题,找到写和看的区别,找到实践和理论的差别。在实践中,有些复杂的问题会变得容易。就创造性而言,就是判多了写多了有一天突然会有新的发现。于是,你不断地尝试,渐渐地成为一名有创造性的法官。创造性意味着你判决书的品质真的提高了,你自己很爱看,它是你在总结他人智慧上的发展,同时,也是你值得珍爱的判决书作品。

一份好的判决书,有三个重要的工作着手点。

第一,判决书是审判的结晶,只有案件审得好才能判得好。所以,一名优秀的法官从给当事人发起诉书之日起就会认真研究案件。在有限的审限内,他会调动书、审配合,调动当事人举证的积极性,精心研究开庭准备工作、开庭审理工作、合议庭成员和合议庭评议工作。当这些工作完成得比较圆满时,判决书多是水到渠成、得心应手。这好比一场可欣赏的话剧,或者一部交响乐,每个细节、每个人物、每场指挥都共同发挥着作用。一个案件,案情细节、当事人的能力和表现,法官的工作部署和配合都是完成这部公正作品的因素。

第二,判决书是在多数意见中的正确性分析。法官寻找的是意见的集合,是在有认同感的基础上帮助大家去寻找真理是什么,"正确性"为什么是此而不是彼,是甲而不是乙。法官之所以会有公信力,是因为你在听、在总结不同的意见、在寻找不同意见的相同基础、要论证不同意见的对与错。因为你说服了大家,所以你有公信力。法官是追求辩论文化的,而且要辩论出是非标准,所以,法官要具有良好的人品,对当事人有吸引力,工作起来有水平。

第三,判决书要尽可能不回避。做到这一点相当困难,因为判决还要尽可能不出错。大家想一想,既要不出错,又要硬碰硬,结果会怎样?要求太高了!实践中,一旦出现法律引用的难点、案件事实的模糊,判决书就会书写不畅,用抽象代替具体。比如,著作权案件中的损害赔偿额的计算很难写。正是如此,对一些疑难问题的探索,一些常见问题的思考要一点一点地攻,争取若干年之后能够攻下来,一批法官比另一批法官更有出息,更有发展。

第四,还要说,写判决书的角度很重要,居高临下和善用当事人的角度可以写出不同方法不同角度的判决,初任法官要在实践中不断摸索。

七、调解

林语堂在《谈牛津》的一篇文章中写道:"传饮之时,也有许多规矩,犯了也要受罚……但是到底杯只有一个,大家传饮,唾沫留在杯口是不能免的事……于是,我又感觉牛津之卫生,也远不如暨南、复旦。但是,如果我有儿子,仍旧不准备送入复旦或暨南。”

对精通东西方文化的林语堂的这番感慨,我们从中可以获得如下感悟:传统不是轻易可抛弃的,再不好也许仍然有其存在的真谛。我们所面对的调解文化也大致如此,调解对判决有很多破坏作用,久调不决的弊端以及即使调解也难以兑现执行承诺的当事人,凡此种种,足以让调解打折扣,但调解是东方文化的标志,面对很多疑难问题,当法律难以破解时,调解能起到润滑的作用。

对初任法官来说,从法律层面研究调解很重要,文化层面的调解感悟也是非常重要的。至于调解的方法可谓仁者见仁,智者见智,这需要初任法官在实践中不断摸索,从而探索出与他人大致相同又独特的调解风格。需要强调的是,调解要尽可能不破坏法律,依法调解既容易实现调解,又能够更好地维护法律的尊严。另外,法律人要注重生活的感悟,用生活的感悟破解法律的难题。中华民族在五千年历史长河中,积淀的博大精深的生活哲理,是我们法律人的巨大财富。

在刑法领域,有一条非常重要的规则就是尊重和保障被告人的人权。《刑事诉讼法》规定不得要求被告自认有罪等重要程序权利,意味着人性化的法律和人性化的工作是初任法官探索的重要目标。在调解过程中,如何对待违法一方的当事人,对其违法利益及其合法利益如何打击和保护的问题需要一个重要的思考过程。同时,行为合法一方的当事人也是一个复杂的群体,他们在法庭上也有各种表现,不会让法官的工作很顺利。作为初任法官,面对案件中的各种难题,在对当事人有理有据且有威信地开展工作的过程中,最重要的一点是自身对权利的尊重,在此基础上对当事人的权利意识进行引导。庭审是一个精准诠释法律和升华当事人观念的过程,如果法官能够让一个案件得以升华,调解是一种选择,它会营造法官和当事人良好的工作氛围,取得良好的共识。对调解的方法,初任法官要认真学习,以便在前人的基础上不断提高我们的调解技能。笔者也写过《论调解艺术》的文章,但是,初任法官要超越前人,除了调解技能之外,还要对人权保障的规定予以充分尊重和行使。对这方面的规定尊重程度越高,法官的境界越高,调解的结果就越理想。

调解不是万能的,但调解带来的锻炼将使初任法官未来的职业之路变得完善和完美。

八、工作定位

石油大王洛克菲勒曾经说过这样一句话:“工作是一个施展自己才能的舞台。我们寒窗苦读来的知识、我们的应变能力、我们的决断力,都将在这样一个舞台上得到展示。除了工作,没有哪项活动能提供如此高的自我表达的机会,如此强的个人使命感,以及一种活着的理由。工作的质量往往决定生活的质量。”

公务员和法官的工作有相似之处,那就是除了自我表达之外,在社会责任方面,还有更大的使命。笔者想强调的是,对工作的理解首先不是为他人而工作,为社会而工作,而是为自己而工作。工作是任何一个人自主选择的结果,目前的工作没有人去捆绑你来做。如果我们从辛辛苦苦的选择中去理解法官的工作,初任法官必须寻找工作的热情和工作的幸福,让法官的工作氛围有一个更好的工作文化氛围,让法官这份工作能够给法官带来成就感和自豪感。

法官是一份事关公正的职业,法律的司法架构具有神圣的职责。作为初任法官,每个人是否很认真地思考过如何弘扬这种神圣?现在的困难在哪里?有无办法解决有无办法推进?总之,法官是一个群体,群体的氛围决定公正的整体指数,决定几代法官的真正差异、特点。时代在发展中,但无论时代如何变迁,身上打着什么样的时代烙印,法官掌握着“公正的命运”这一点没有任何改变。

法官这个职业,好比每个人都在开自己的法律诊所,法院给法官们提供了工作的舞台,法治是法官追求的法律理想,只是初任法官必须在前人的基础上发展。既要遵循前人的法律理想,又要遵循被前人所制定的规则体系。毋庸忘记的是,初任法官必须前行,这就是法律事业发展的使命。

九、公正的刚性和柔性

从刚性和柔性的角度看问题,是想更进一步探讨公正的难题。首先,公正是否是大锅饭？在我们国家的历史上曾经有过“大锅饭”的实践，其结果是美好的理想被现实生活的困局所打破。20 世纪七八十年代，举国上下飘扬起改革开放、市场经济的旗帜，从此告别以计划经济为特点的“大锅饭”。改革开放 30 多年以后，在贫富悬殊的市场经济面前，人们既开始怀旧，又开始思考公正究竟是什么？笔者这里摘录一个狮子和豹子的故事，与大家一同思考。

一头狮子委托一只豹子去管理 10 只狼。豹子一去之后，就把肉平均切成 11 等分，每一份都一样多。它跟 10 只狼一样，一只一份。结果是这 10 只狼都造反，理由是我们功劳有大有小，怎么是我们都一样。之后，狮子尝试了四天，第一天它把肉切成了大小不一样的 11 份，它自己拿了一块儿最大的，剩下的 10 份由 10 只狼去抢，虽有大有小，但都不闹了，理由是它们有了竞争。第二天还是大小不同的 11 份，狮子拿了两块，10 只狼分 9 块，结果 9 只狼得到了肉，1 只狼奄奄一息，但没有造反。第三天肉分成两块，狮子拿了一块，另一块儿由 10 只狼去竞争，一只力气最大的狼得到了，它吃饱了以后将剩下的肉分给其他的狼吃，其叫谁吃谁吃，其他狼都没敢惹它。第四天狮子宣布，从现在开始就由这只力气最大的狼管理狼群，它再也不用管分肉的事，于是，狮子就成了幸福的老板。

对这个故事的结果不知有多少人认同，但如果我们去实验，至少要面对现实，向实践妥协，这就是公正的复杂性。审判是一个开刀手术的过程，而且术后需要双方当事人恢复法律元气，达到秩序的和谐，“好人主义”无法满足法官职业的要求。此外，没有理想的公正，只有现实的公正，因而，也产生了程序和实体公正的分野。公正是如此复杂，管理者与被管理者都不容易，法官需要在宽容的基础上思考多大可能的包容性，思考有弹性的公正。这就告诉法官，公正不是简单的数学题，而是要在每个案件中多听取各种信息、意见，既要尊重理论，又要顾及事实；既要运用法律，又要用活法律。法官的过人之处在于，法官在公正的海洋里一直能够找到明晰的方向。假若法官是这样的一个引领者，这就是公正的意义和法官应该敬畏自己的理由。

十、丰富的内心世界

法律职业分享内心的主观性，但意在规范一个人的行为。当我们对权利、义务这些行为概念本身的研究越来越深入时，其结果是研究的方向还是指向了一个人的内心世界。初任法官需要思考：应该有一个怎样的内心世界？前行的发动机应该往哪个方向行驶？进入不惑之年的中国人，在经历了人生中的功名利禄的实用主义方向的追求之后，大家谈论得最多的是反思和研究自己应该归属的文化世界，另有心灵归属的信仰世界？这意味着什么？

笔者曾阅读过这样一段话儿："人的心灵就像一畦田地，种什么长什么。什么都不种，就会荒草丛生。"我们现在处在一个思辨时期，这个时期，既有东西方文化的交融，又有各种宗教的渗透。我们可以接受多元的思想，但如果没有一种心灵的秩序，我们很难有统一的思想和坚定的追求。所以，初任法官至少应认真地想：你们的内心需要坚定什么？笔者认为，法官是一个职业共同体，这个共同体的核心是法律和公正，在法官的思想世界里应建立起对法律和公正的虔诚信念，这样一来，法官们将格外坚强，不会被任何杂乱思潮所动摇；否则，法官将处在动摇和彷徨的痛苦中。法官同样是一个国家共同体成员，对祖国前进的方向，所有政治生活的道路、理念、主义即当前以社会主义核心价值观为统领的社会主义市场经济、社会主义法律体系、社会主义道路，初任法官应该放在政治生活的高度去思考，进而理顺政治生活主线。公务人员的行为可能是一种破坏，也可能是一种维修，可能是一种阻碍，也可能是一种发展。我们的行为取向究竟是什么，关系到我们工作中的透明和阳光，涉及我们服务的社会的一种精神状态。当然，还有法官个人生活、家庭生活的主线。法官追求一种什么样的家庭生活和个人生活的价值观，影响到为什么工作？法官这支队伍的形象是什么？能否发挥榜样的作用？

在《美国大法官的法理及信仰》一书中，有一则大法官约瑟夫·斯托里的故事：1804 年 12 月，斯托里与一位新教牧师的女儿玛瑞·琳德·飞琪·奥利弗结婚。7 个月后，玛瑞突然病重旋即辞世。仅仅 2 个月后，他敬爱的父亲也与世长辞。1808 年，斯托里与一位法官的女儿萨拉·沃尔多·维特摩尔结婚。然而，他们婚姻的早期充满无法描绘的悲伤。三个女儿和一个儿子都在 7 岁前夭折。斯托里说："我从未体会悲伤，总是雄心壮志，豪情万丈，甚至带着一种近乎浪漫、奔放的想象力。我的所有希望在一瞬间毁灭殆尽。"然而，斯托里最终在与命运的抗争中占了上风，用他的话说："我似乎是更上一层楼，用更宽阔的眼光和更综合的理解力去观察世界。"

回顾历史，古今中外有无数法官值得我们学习，只是，初任法官更要感悟他们无比坚定的内心世界。

(《初任法官的工作理念与方法》一文是宋鱼水于 2012 年 4 月 18 日在北京高院为全市初任法官讲课时的整理稿。因每年都要与初任法官交流工作经验和体会，宋鱼水认识到，有责任为初任法官的成长厘清几个实践要点，因而，完成此文。此文完成后，正值参加一年一度的全国审判专家研讨会，宋鱼水又按照 8000 字的要求进行了修改，其中，修改部分在会上与审判专家进行了交流，并被收录在相关书籍中。)

后记

她为何能将调解上升为一种法律艺术

北京市海淀区人民法院(以下简称海淀法院),是一个既出名案又出名法官的地方。

这里的名案,既指那些或因案情或因当事人的特殊身份而广受关注的案件,也指那些能够从案件的汪洋大海中浮出水面的典型案件;这里的名法官,便是以宋鱼水为代表的既有深厚法学素养又善于断案的法官。

因为海淀法院的典型案例和名法官之故,《法律与生活》杂志在2011年至2013年的整整3年内,分别开通三个专栏选择了与普通民众生活密切相关的36个案件进行报道。

这36个案例,主题分别是2011年度的“80后婚恋故事”、2012年度发生在京城的“典型交通背后的故事”、2013年度的各类“百姓生活案例故事”。这36个由海淀法院众多法官和书记员在长达3年时间遴选的案例,几乎涵盖了“80后”这代年轻人遭遇的所有婚恋问题、各种类型的道路交通事故和普通人生活中常见的纠纷。

对上述典型案例,《法律与生活》杂志社的编辑没有做简单处理,而是约请当时早已在全国法院系统广为人知、有长期审判一线工作经验、既能精确断案又擅长调解的时任海淀法院副院长宋鱼水进行点评。当那些案例以“案例+点评”的形式呈现在面前时,我们一次又一次被宋鱼水的思路带入了一个与案件相关的“开阔地带”。

在这里，她透彻地解读法律——用她的话说“法律是解决问题最好的钥匙”、从原告和被告两个角度分析他们之间为何把纠纷拧成一个必须靠打官司来解的“结”、从人情和有利于双方当事人今后生活的角度提供有价值的建议。

都说“文如其人”，透过一篇又一篇案件点评文字，我们发现这些将法理和人情融为一体的文字，真的像极了我们熟悉的宋鱼水本人。这些文字呈现的作者的内心世界是“精通法律”和“洞悉人情”，且这两者被出生于平民家庭而受到良好法律专业教育的宋鱼水以善良为媒介融会在了一起。

从宋鱼水的文字中，我们对法院系统倡导的调解有了进一步了解。从针对“‘80后’婚恋案例”和“京城典型交通事故案例”的点评中，我们对调解是建立在洞悉法律的基础上有了深刻认识；在选取自海淀法院立案庭的各类“百姓生活案例”中，透过宋鱼水诸如“‘一次性解决’案件的前提是穷尽证据”等调解方法和理念，我们进一步了解到调解是一门“沟通艺术”，但又不仅仅是一个沟通问题。成功的调解，一定是建立在法官帮助当时人把案件涉及的法律问题厘清的基础上，在这个基础上，法官的沟通艺术才能出神入化。

一句话，宋鱼水传递给我们的调解理念绝对不是“和稀泥”，而是一种基于法律规则且在某种意义上高于判决的化解纠纷方式。

因为在 3 年间一直穿行在宋鱼水调解思想的王国里，我们被一路看到的“思想风景”深深吸引。为了比较全面地展示宋鱼水的调解理念，我们把能体现她调解理念的另外一些文章也收录于本书。这些文章，既有展示宋鱼水一次完整调解经历的《一起“高难度”民事案件的调解过程》，也有她对调解问题的深入思考的《调解的六大艺术》，还有她说给年轻法官的掏心窝子的话——《初任法官的工作理念和方法》。

从这本书的字里行间中，我们看到了宋鱼水如何将调解上升为了一门法律艺术。

《法律与生活》杂志社
总编辑　李秀平

图书在版编目(CIP)数据

36场百姓官司与法官的调解艺术/宋鱼水主编
.—北京:法律出版社,2014.12
ISBN 978-7-5118-7360-6

Ⅰ.①3… Ⅱ.①宋… Ⅲ.①民事纠纷—调解(诉讼法)—案例—中国 Ⅳ.①D925.114.5

中国版本图书馆CIP数据核字(2014)第292485号

责任编辑/杜智娜　　**装帧设计**/王卫平

出版/法律出版社　　**编辑统筹**/法律与生活
总发行/中国法律图书有限公司　　**经销**/新华书店
印刷/固安华明印业有限公司　　**责任印制**/张建伟

开本/720毫米×960毫米 1/16　　**印张**/17 **字数**/240千
版本/2015年3月第1版　　**印次**/2015年3月第1次印刷

法律出版社/北京市丰台区莲花池西里7号(100073)
电子邮件/info@lawpress.com.cn　　**销售热线**/010-63939792/9779
网址/www.lawpress.com.cn　　**咨询电话**/010-63939796

中国法律图书有限公司/北京市丰台区莲花池西里7号(100073)
全国各地中法图分、子公司电话:
第一法律书店/010-63939781/9782　**西安分公司**/029-85388843　**重庆公司**/023-65382816/2908
上海公司/021-62071010/1636　**北京分公司**/010-62534456　**深圳公司**/0755-83072995

书号:ISBN 978-7-5118-7360-6　　**定价:**36.00元

(如有缺页或倒装,中国法律图书有限公司负责退换)